우리 같이 밥 먹을래?

일러두기

* 이 책은 2016년 미국에서 열여섯 살의 나이로 'Sit With Us'라는 애플리케이션을 출시한 나탈리 햄프턴의 이야기를 담은 동화입니다. Sit With Us 홈페이지에 실린 내용 및 나탈리 햄프턴과 관련된 각종 기사를 바탕으로 각색하였으며, 흥미로운 전개를 위해 일부 내용을 사실과 다르게 바꾸었음을 밝힙니다.

* 'Sit With Us'는 '옆에 앉으렴.', '함께하자.', '같이 밥 먹자.'라는 뜻으로, 이 책에서는 '점심 같이 먹기 앱'이라는 점을 고려하여 '우리 같이 밥 먹을래?'로 옮겼습니다.

* 이 책의 일부 외래어는 국립국어원의 외래어 표기법 기준이 아닌 실생활에서 자주 쓰는 표기로 바꾸어 실었습니다.

차례

전학생이니? · · · · · · · · · · · 7

새로운 친구들 · · · · · · · · · · 12

여기 앉지 마 · · · · · · · · · · · 19

즐거운 점심시간을 위해 · · · · · · 27

똑같은 마음 · · · · · · · · · · · 34

느려도 괜찮아 · · · · · · · · · · 39

외롭지 않은 점심 · · · · · · · · · 52

다 같이 힘을 합쳐 · · · · · · · · · 59

확 바뀐 학교	67
뜻밖의 초대	80
변화의 영웅	92
더 넓은 세상으로	99
선한 영향력	108
청소년의 우상	115
모두가 즐거운 점심시간을 위해!	122

전학생이니?

"나탈리, 얼른 아침 먹고 학교 가자."

엄마가 식탁 앞에 앉은 나탈리에게 포크를 내밀었다. 시럽을 듬뿍 끼얹은 팬케이크는 물론 오렌지와 키위도 달콤한 내음을 풍겼다.

"마음에 드니? 우리 딸 힘내라고 네가 좋아하는 음식을 준비했어."

"배 안 고파요."

나탈리는 힘없이 고개를 가로저었다. 새 학교에 가는 첫날이라 떨려서 그런지, 평소에 먹고 싶었던 팬케이크도 반갑지 않았다.

"이런, 많이 긴장했구나."

엄마가 나탈리의 등을 가만히 토닥였다.

"내가 이야기했던가? 나도 너만 할 때 네 외할아버지를 따라 이사 가느라 학교를 옮겼어."

"정말요?"

처음 듣는 얘기에 나탈리의 눈이 커다래졌다. 엄마가 어릴 적 자신과 같은 일을 겪었다니! 늘 침착하고 차분한 엄마는 전학 가던 날 어땠을까 궁금해졌다.

"엄마도 전학 가는 날 떨렸어요?"

"그럼, 너무 떨어서 하마터면 교실이 아니라 남자 화장실에 들어갈 뻔했지."

"남자 화장실에요?"

"건물이 아주 커서 복도에서 길을 잃었거든."

나탈리는 활짝 웃는 엄마를 따라 크게 웃었다. 신나게 웃고 나니 마음이 편해졌다.

"다행히 나는 새 학교에서 좋은 친구를 만나서 금방 적응했어. 너도 너랑 잘 맞는 좋은 친구들을 많이 만날 수 있을 거야."

엄마가 따스한 눈빛을 보냈다.

"엄마 말을 들으니 어쩐지 용기가 솟아요."

어둡던 나탈리의 얼굴이 밝아졌다.
"엄마, 나 갑자기 배고파졌어요."
"많이 만들었으니까 천천히 먹으렴."
엄마는 흐뭇한 미소를 지으며 컵에 우유를 따랐다.

새 학교에 들어선 나탈리의 가슴이 두근거렸다.
'내가 다시 친구를 사귈 수 있을까?'
나탈리는 낯선 아이들이 와글거리는 복도에 서서 침을 꿀꺽 삼켰다. 다 괜찮을 거라고 다짐해도 두근거림은 가라앉지 않았다. 모두들 바쁘게 지나가서 누구에게 말을 걸어야 할지 알 수 없었다.
'이 학교 아이들도 날 따돌릴까?'
예전 학교에서의 일이 떠오르자 자신도 모르게 어깨가 움츠러들었다. 아픈 기억은 애써 내 보려던 용기도 빼앗아 버렸다. 새 학교에서는 그런 일이 없을까? 차라리 예전 학교로 돌아가는 게 나을까?
그때 낯선 목소리가 다가왔다.
"너, 혹시 전학생이니?"
돌아보니 키가 큰 남자아이가 앞에 있었다. 창밖에서 내리

쬐는 햇살에 구릿빛 얼굴이 밝게 빛났다.
"맞아……. 나 오늘 전학 왔어."
뜻밖의 상황에 나탈리는 얼떨떨했다.
"어쩐지. 교실을 찾는 것 같아서 물어봤어."
키 큰 남자아이가 싱긋 웃었다.
"내 이름은 콜윈 브레이너드야. 너는?"
"나는 나탈리 햄프턴."
이렇게 빨리 인사를 주고받는 친구가 생길 줄이야! 두려움으로 두근대던 가슴이 기대감으로 두근두근했다.
"나탈리, 어떤 선생님 반이야? 내가 교실 알려 줄게."
"응, 난 딜런 선생님 반."
"진짜? 나도 그 선생님 수업 듣는데. 어쩐지 너한테 말 걸고 싶더라."
콜윈은 오랜 친구처럼 편하게 이야기했다.
콜윈과 함께 걷는 나탈리의 발걸음이 가벼워졌다. 이 학교에서는 좋은 친구를 사귈 것 같은 예감이 들었다.

새로운 친구들

캘리포니아의 가을 하늘은 맑았다. 점심시간이 되자 아이들은 삼삼오오 모여 학교 식당으로 향했다. 나탈리는 아침에 인사했던 콜윈을 힐긋 보았다.

'콜윈은 인기가 많네.'

활발한 콜윈은 여러 친구들에게 둘러싸여 있었다. 친구들과 웃으며 떠드는 모습이 즐거워 보였다.

'같이 밥 먹자고 말하면 거절하겠지?'

나탈리는 입술을 깨물었다. 끔찍한 기억은 모두 잊고 새 학교에서는 새롭게 시작하자고 마음을 단단히 먹었지만, 낯선 친구들에게 다가가기는 쉽지 않았다.

'이 학교에서는 같이 밥 먹을 친구가 생길까?'

나탈리는 괴로웠던 점심시간을 떠올렸다. 이전 학교에서는 친구가 하나도 없었다. 원래는 활달한 성격이라 친구들과 잘 지냈는데, 어느 순간부터 알 수 없는 이유로 따돌림을 받아 수업 시간은 물론 점심시간에도 혼자였다.

어느 날엔 용기를 내어 친구들에게 식판을 들고 다가갔는데, "넌 여기 앉지 마!"라는 대답이 돌아왔다. 어떤 아이는 나탈리가 앉지 못하게 아예 의자에 겉옷을 올렸다. 나탈리를 빤히 쳐다보면서 말이다. 그 순간 식당 안에 있던 다른 아이들의 시선이 모여들었다. 하지만 아무도 괴롭힘당하는 나탈리를 도와주지 않았다. 그저 끼리끼리 웅성거릴 뿐이었다. 나탈리는 너무 창피하고 부끄러워 어디론가 사라지고 싶었다.

그 뒤로 늘 식당 구석에 앉아 웅크리고 밥을 먹었다. 혼자 밥 먹는 자신을 쳐다보는 눈길은 정말 견디기 힘들었다. 나탈리는 스마트폰으로 아무거나 틀어놓고 시선을 떼지 않았다. 하지만 머릿속은 온통 뭐가 잘못되었는지에 대한 생각뿐이었다. 자신은 그저 누군가와 함께 밥을 먹고 싶었을 뿐인데 큰 잘못을 저지른 사람처럼 되다니. 나탈리는 무엇을 잘못했는지 이해할 수 없어 답답했다. 그렇게 몇 달이 흘렀다.

나탈리는 웃음을 완전히 잃었고, 결국 전학을 결심했다.
 단 한 명이라도 친구가 생기면 좋을 텐데. 나탈리는 자신도 모르게 콜윈을 힐끔거렸다. 이미 저렇게 인기 많은 아이라면 전학생에게 관심이 없을 것 같았다. 아침엔 나탈리 옆을 지나다가 잠시 호의를 보인 것이겠지. 같이 밥 먹자는 말을 꺼냈다가 지난번처럼 망신만 당할지도 모른다는 생각에 혼자 식당으로 발걸음을 옮겼다.
 스파게티, 치킨너깃, 감자샐러드, 사과, 우유……. 먹음직스러운 음식이 잔뜩 있었지만 나탈리는 불안함에 목이 콱 막혔다. 혼자 점심을 먹는 생활이 이 학교에서도 계속되면 어쩌지?
 그때 뒤쪽에서 큰 소리가 들렸다.
 "같이 밥을 먹자고?"
 깜짝 놀라 돌아보니 여자아이 둘과 남자아이 둘이 단발머리 여자아이를 매섭게 쏘아보고 있었다. 그중 긴 머리를 구불구불 늘어뜨린 여자아이 하나가 같이 앉아 있는 친구들을 둘러보며 비아냥댔다.
 "리나, 얘가 너랑 친해지고 싶은가 봐."
 그러자 진줏빛 구슬이 달린 파란색 니트를 입은 여자아이가 말했다. 진한 화장을 한 얼굴이 짓궂게 웃었다.

"촌스러운 옷을 입은 주제에 어딜 앉으려고?"

"미, 미안해."

리나가 팔짱을 끼고 째려보자 얼굴이 새빨개진 아이는 구석으로 사라졌다.

나탈리의 심장이 밖으로 튀어나올 듯이 방망이질했다. 단발머리 아이가 꼭 자신 같았다. 자신이 겪은 듯 나탈리는 가슴이 조여 왔다.

"나탈리? 너, 나탈리 맞지?"

가만히 서서 부들부들 떨고 있는데 익숙한 말투가 들렸다. 친구들과 있던 콜윈이 나탈리를 알아보고 다가왔다.

"어, 콜윈."

"얼굴이 아주 창백한데 괜찮니?"

콜윈은 겁에 질린 나탈리를 찬찬히 살펴보았다. 주변에 있던 다른 아이들도 나탈리를 쳐다보았다.

"나는……."

나탈리의 입술이 달싹거렸다. 너무너무 친구를 사귀고 싶지만 거절당한 기억이 떠올라 말이 나오지 않았다.

"같이 밥 먹을…… 친구를 찾고 있었어."

나탈리는 온 힘을 다해 용기를 내었다. 제발 콜윈이 리나처럼 자신을 거절하지 않기만 바랐다.

"난 또 뭐라고."

콜윈은 별일 아니라는 듯 어깨를 으쓱하더니, 건너편 탁자 앞에 앉아 있는 아이들을 가리켰다.

"내 친구들인데 우리랑 같이 점심 먹을래?"

"진짜?"

나탈리는 저도 모르게 큰 소리로 되물었다. 깜짝 놀라 하마터면 식판을 떨어트릴 뻔했다. 2년 만에 누군가와 점심을 먹으려니 다리가 후들거렸다.

"얘들아, 인사해. 오늘 전학 온 나탈리야."

콜윈은 친구들에게 나탈리를 소개했다.

"안녕, 나탈리. 난 제임스야!"

갈색 머리에 안경을 낀 아이가 한 손을 흔들며 인사했다.

"반가워. 내 이름은 에이미."

검은 곱슬머리 아이가 수줍게 웃었다.

"환영해 줘서 고마워."

학교 식당에서 친구들에게 둘러싸이다니. 꿈을 꾸는 것처럼 나탈리의 마음이 둥실거렸다.

"우리 학교 스파게티가 좀 짜. 그렇지?"

제임스가 우물거리며 불평했다.

"난 괜찮은데. 정말 맛있어."

스파게티를 입에 넣은 나탈리가 대답했다. 조금 짜긴 했지만 친구들과 먹는 점심은 정말 맛있었다. 무얼 먹든 친구와 함께라면 다 좋을 것 같았다.

"야, 나탈리는 점심 진짜 맛없는 학교에서 왔나 봐. 이 스파게티가 맛있대. 거기 완전 끔찍한 학교 아니야?"

"제임스, 네가 제일 많이 먹으면서 맛없다고 불평하냐."

콜윈이 두 볼이 터질 듯 스파게티를 밀어 넣는 제임스를 보며 말했다.

재잘재잘 떠드는 친구들 사이에서 나탈리는 조용히 음식을 삼켰다. 더 이상 혼자가 아니라 너무 행복해서 자꾸 웃음이 나왔다.

"야, 네가 너무 많이 먹으니까 나탈리가 너 보고 웃잖아."

"아니거든. 나 때문이 아니라 네 얼굴이 웃기게 생겨서야."

왁자지껄 이어지는 수다가 나탈리와 친구들을 하나로 이어 주었다.

여기 앉지 마

　친구들과 함께하는 학교생활은 즐거웠다. 콜윈, 제임스, 에이미 덕분에 나탈리는 다른 아이들과 금세 친해졌다. 나탈리는 점점 활달한 본래 성격을 되찾아 갔다.
　하지만 점심시간이 되면 친구들과 웃고 떠드는 중에도 마음 한구석이 불편했다. 전학 온 첫날 학교 식당에서 본 단발머리 여자아이가 늘 창문 아래 구석진 자리에서 혼자 밥을 먹고 있었기 때문이다.
　어느덧 겨울이 되어 찬 바람이 불던 어느 날이었다. 나탈리는 점심을 먹고 친구들과 밖으로 나오는 길이었다.
　"어? 저 아이는 오늘도 혼자네."
　나탈리의 시선이 머문 곳에 단발머리 여자아이가 있었다.

옆 탁자를 보니 리나 무리가 아이를 향해 뭐라고 빈정대고 있었다. 아이의 옆얼굴이 빨갛게 물들었다.

"혼자 밥 먹고 싶은가 보지."

콜윈이 대수롭지 않게 대답했다.

"그럴 리 없어. 아마 저 아이도 우리처럼 친구들과 즐겁게 밥 먹고 싶을 거야."

나탈리의 목소리가 자기도 모르게 커졌다.

"나탈리, 갑자기 왜 화를 내?"

제임스가 놀라서 물었다.

"미안, 나도 모르게 저 아이 마음이 되었네. 너무 속상할 것 같아서……."

머쓱해진 나탈리가 말끝을 흐렸다.

"괜찮아. 사실은 나도 혼자 밥 먹는 아이들이 안타까웠어. 하지만 어쩌겠어?"

제임스가 속마음을 털어놓았다. 식당에는 단발머리 아이 외에도 혼자 앉아 있는 아이들이 몇 있었다. 제임스도 그 아이들이 마음에 걸렸던 모양이다. 제임스의 말을 들은 나탈리의 얼굴이 밝아졌다.

"그러면…… 내일부터 우리가 저 애들과 같이 밥 먹으면

어때?"

나탈리가 조심스레 말했다.

"말도 안 돼. 난 저 애 이름도 몰라. 모르는 아이와 갑자기 밥 먹을 수는 없다고."

에이미가 눈썹을 찡그렸다.

"그건 에이미 말이 맞아. 친하지도 않은 사람이랑 밥 먹으면 체할지도 몰라."

콜윈도 어깨를 으쓱했다. 낯선 사람한테도 말을 잘 붙이고 여러 친구들과 두루두루 잘 지내는 콜윈이지만 전혀 모르는 아이 옆에 앉아 같이 밥을 먹기는 싫었다.

"처음 보는 애들이 갑자기 같이 밥 먹자고 하면 저 아이들이 무조건 '그래!' 할 것 같아? 싫다고 하는 애들도 있을걸? 그리고 다른 애들이 우리를 이상하게 생각할지도 몰라."

에이미는 요즘 부쩍 남의 시선에 신경이 쓰였다. 좋은 마음으로 한 일인데 오히려 상처 입을까 봐 두렵기도 했다.

"나탈리, 네 마음은 알겠지만 에이미 말도 맞아. 그리고 우리가 전교생 모두와 친해질 수는 없어."

제임스가 부드러운 목소리로 나탈리를 토닥였다.

"그래, 내가 신경을 너무 많이 썼나 봐."

나탈리는 친구들에게 애써 미소 지어 보였다. 전부 맞는 말이라 차마 아니라고 말하지 못했다.

"나탈리, 얼른 교실로 가자. 저 아이도 내일은 친구가 생길지도 모르니 너무 걱정하지 마."

제임스는 풀 죽은 친구를 위로했다.

수업이 끝나고 나탈리는 집으로 향했다. 아이들로 북적이는 넓은 학교 식당에서 혼자 앉아 밥을 먹던 아이들이 머릿속을 떠나지 않았다.

'나는 친구가 생겼지만, 외톨이인 아이들은 하루하루가 얼마나 힘들까?'

따돌림을 당할 때 교실보다 학교 식당이 더 두려웠던 기억이 떠올랐다.

"나탈리, 잘 다녀왔니?"

집에 돌아오자 엄마가 환한 미소로 반겨 주었다.

"그런데 얼굴이 왜 이렇게 어두워?"

"별일 아니에요. 그냥…… 오늘따라 식당에 혼자 앉아 있는 애들을 보니 옛날 생각이 났어요."

"저런!"

엄마는 우두커니 선 나탈리를 안아 주었다. 다른 사람의 감정을 잘 공감하는 터라 작은 일도 쉬이 지나치지 못하는 딸이었다.

"저는 친구들과 같이 밥을 먹고 있지만 그동안 마음이 내내 불편했어요. 이 학교에도 혼자 앉아 있는 아이들이 있었거든요. 예전에 밥 혼자 먹었을 때 일부러 괜찮은 척했지만 속으로는 너무 부끄럽고 속상했어요. 어디론가 도망가고 싶었고요. 그 애들 마음도 똑같겠죠?"

나탈리의 목소리가 가라앉았다.

"그래, 그땐 네가 전학을 결심할 만큼 힘들어했지."

"아무도 말을 걸지 않아 쉬는 시간에는 혼자 그림을 그리며 시간을 보냈어요. 하지만 점심시간이 되어 혼자 식당에 갈 때가 가장 견디기 힘들었어요."

나탈리는 눈물을 글썽거렸다.

"어떤 날엔 네가 점심을 거르고 집에 와서 엄마도 무척 속상했어."

엄마의 눈빛에 안쓰러움이 가득했다.

"점심을 늘 혼자 먹었어요. 아무도 나에게 다가오지 않아 정말 괴로웠다고요. 그 아이들을 보면 자꾸 옛날 일이 떠올라요."

　나탈리는 숨을 한번 크게 들이쉬더니 다시 말을 이었다.

　"엄마, 이 학교에는 저처럼 혼자 밥 먹는 친구들이 없으면 좋겠어요."

　"글쎄, 아무리 안타까워도 네가 학교의 모든 친구와 밥을 먹을 수는 없단다."

　엄마가 나탈리의 등을 가볍게 쓰다듬었다. 딸의 가슴 깊이 응어리진 고통은 같은 상처를 가진 아이들의 고통을 누구보다 잘 이해하게 했다. 다른 사람 일을 자기 일처럼 가슴 아파하는 딸을 보니 안타까운 한편 기특하기도 했다.

　나탈리는 금방이라도 울 것 같은 얼굴이었다. 새로운 친구가 생기면 행복해질 줄 알았는데 마냥 그렇지 않았다. 소외받는 다른 친구의 모습이 가슴을 아프게 했다.

　"엄마, 나는 모두가 행복한 점심시간을 만들고 싶어요. 단 한 명의 친구도 따돌림받지 않게 할 수 없을까요?"

　"흠…… 너 혼자 해결하기 어려운 문제구나."

　엄마가 한숨을 푹 쉬었다. 그동안 딸이 얼마나 힘들었는지 다시 한번 깨달았다.

　"우리 같이 생각을 모아 볼까? 그러면 의외로 좋은 결과가 나오기도 하니까."

"엄마가 도와준다니 갑자기 힘이 나요."

나탈리가 애써 미소를 지었다.

"힘을 내려면 먼저 저녁을 먹어야겠지? 오늘 저녁은 스테이크니까 우리 맛있는 고기 먹고 힘내자!"

"야호, 내가 제일 좋아하는 스테이크다."

기운을 차린 나탈리는 부엌으로 달려갔다. 맛있는 냄새를 맡자 입안 가득 침이 고였다.

즐거운 점심시간을 위해

다음 날 아침이 되자 유리창으로 겨울 햇살이 들어왔다.
"아휴, 졸려."
식탁 앞에 앉은 나탈리는 하품을 하며 기지개를 켰다.
"밤새 무서운 꿈이라도 꾸었어? 피곤해 보이네."
"아니요, 우리 학교 학생들 전화번호를 알아낼 방법을 고민하느라 잠을 못 잤어요."
졸린 눈을 비비며 나탈리가 생긋 웃었다.
"그게 무슨 뜻이니? 네가 전교생 연락처를 알아서 뭘 하려고?"
"학교 식당에 혼자 앉아 있는 친구들 연락처를 알아야 만나서 밥을 먹잖아요. 에이미 말처럼 무작정 가서 같이 밥 먹자고 하면 상대방이 당황할 수도 있을 것 같거든요. 전화번호만 알면 메시지로 물어볼 수 있을 것 같아요."

하룻밤이 지났지만 나탈리는 여전히 점심시간 생각이었다. 이런저런 생각을 해 보아도 낯선 이의 연락처를 알아내기는 너무 어려웠다.

"나탈리, 전화번호가 없어도 서로 연락할 방법이 있어."

곰곰이 생각하던 엄마가 입을 열었다.

"정말요? 어떻게 번호도 모르는데 연락하죠?"

"뭐긴, 바로 너희들이 좋아하는 SNS(소셜 네트워크 서비스)지. 온라인으로는 모르는 사람과도 연락할 수 있잖니."

"온라인이 아니라 직접 만나야 한단 말……. 어, 잠깐만요!"

나탈리는 갑자기 들고 있던 우유 컵을 내려놓았다.

"왜 그래? 무슨 일이니?"

"엄마, 나 완전 좋은 아이디어가 떠올랐어요."

나탈리는 책가방을 집어 들고 자리에서 일어섰다.

"아침 먹다 말고 갑자기?"

"엄마가 준 'SNS'라는 힌트 너무 고마워요. 그런데 빨리 학교에 가야겠어요. 친구들에게 빨리 말해 주고 싶거든요."

"너 세수는 했니?"
"네에!"
 신이 난 나탈리는 손을 흔들며 활짝 웃었다. 학교로 달려가는 발걸음이 날아갈 듯 가벼웠다.

 교실에 들어선 나탈리는 용기를 내어 친구들에게 입을 열었다.
"내가 어제 식당에서 좀 예민하게 굴었지? 사실…… 나 예전 학교에서 따돌림을 당해서 혼자 점심을 먹었거든."
"저런, 나탈리, 많이 힘들었겠다."
 에이미의 얼굴에 안쓰러움이 가득했다.
"아, 그래서 네가 그런 얘기를 했었구나!"
 제임스가 고개를 끄덕였다.
"난 학교 모든 아이들이 점심시간만큼은 외롭지 않으면 좋겠어."
 나탈리가 다시 말을 이었다.
"나도 혼자 먹는 아이들을 봤지만 어떻게 도와야 할지 잘 모르겠더라."
 콜윈이 조심스럽게 말했다.

"내가 밤새도록 고민했는데 오늘 아침에 좋은 생각이 딱 떠올랐어! 바로 애플리케이션으로 점심 같이 먹을 친구를 사귀는 거야."

"애플리케이션으로?"

낯선 이야기에 아이들은 마주 보고 고개를 갸웃거렸다.

"맞아. 모르는 사람과 연락하려면 전화번호나 이메일 같은 연락처가 필요하잖아? 하지만 우리 학교만을 위한 애플리케이션이라면 그럴 필요가 없어. 아이들이 앱에 접속만 하면 되거든."

자신의 생각을 설명하는 나탈리의 눈동자가 반짝반짝 빛났다.

"애플리케이션이라고? 어떤 앱인데?"

에이미가 바짝 다가왔다. 평소에 다양한 앱을 활발하게 이용하는 터라 호기심이 생겼다.

"우리 학교에서 같이 점심 먹을 사람을 모집하는 앱이지. 혹시라도 점심 먹자고 말 걸었다가 거절당해도 창피하지 않도록 익명으로 하자."

"오, 정말 좋은 생각이다! 나도 익명으로 말할 때 훨씬 편하거든."

어제는 나탈리의 의견에 반대하던 에이미가 적극적으로 찬성했다. 남에게 창피를 당하지 않는다면 한 번쯤 해 볼 만하다고 느껴졌다.

"에이미, 네가 거절당할까 봐 걱정된다고 말해 준 덕분에 이런 생각이 떠올랐어. 누구나 쉽게 친구를 만들 아주 좋은 방법 같았거든."

"내가 뭘. 난 네가 이렇게 좋은 방법을 생각해 낼 줄 몰랐어. 온라인이면 누구든 부담 없이 친구를 사귈 수 있겠다!"

에이미가 나탈리를 향해 엄지를 치켜올렸다.

"나탈리, 그런데 우리 학교만을 위한 앱이 뭐지? 지금 접속하고 싶으니까 알려 줘."

콜윈이 스마트폰 화면을 터치하며 물었다.

"아직 그런 앱은 없어. 그래서 내가 만들 거야."

"뭐라고?"

콜윈의 손가락이 움직임을 멈췄다.

매일 스마트폰을 사용하고 수많은 앱을 이용하지만, 그건 모두 전문적인 프로그래머가 만든 것이다.

"우리 같은 학생도 앱을 만들 수 있어?"

"그건 어른들이, 그중에서도 프로그램 전문가들이 만드는 거 아니야?"

제임스와 에이미가 마주 보았다. 앱 개발은 평범한 아이들이 감히 상상하기도 어려운 세계 같았다.

"사실 나도 앱 만드는 방법을 잘 몰라. 하지만 내가 직접 만들어 보려고. 요즘은 동영상 강의가 아주 잘 되어 있잖아."

"나탈리, 너 정말 대단하다. 내 친구가 이렇게 용감하다니 나까지 힘이 나는걸."

콜윈이 어깨를 으쓱했다.

"그럼 우리 모두 힘을 합쳐 나탈리를 돕자. 앱 만들기 재미있을지도 몰라."

에이미가 활짝 웃었다. 자신이 즐겨 쓰는 앱을 직접 만든다니 벌써 마음이 설레었다.

"찬성! 나도 우리 학교 점심 앱 완전 찬성해. 엄청나게 재미있을 것 같아."

제임스도 빠질 수 없다며 친구들 사이에 끼어들었다.

"얘들아, 정말 고마워. 너희들이 도와준다면 무엇이든 해낼 것 같아."

"좋았어, 우리 모두 다 같이 파이팅이다!"

네 명의 아이들은 어깨동무를 했다. 친구들과 함께라니 시작부터 가슴이 두근거리고 신이 났다.
"하나, 둘, 셋, 파이팅!"
다 같이 외치자 온몸에서 우정이라는 에너지가 솟아나는 기분이었다.

똑같은 마음

수업이 끝나고 나탈리는 친구들과 잔디밭에 모였다.
"시작이 반이라고 했으니 우선 앱 이름부터 만들면 어떨까?"
나탈리가 노트를 펴며 친구들을 둘러보았다.
"그래!"
"나도 찬성! 멋진 이름이 생기면 어쩐지 아이디어가 팍팍 떠오를 것 같아."
콜윈과 제임스가 손바닥을 마주쳤다. 시작부터 뭔가 잘 통하는 기분이었다.
"'나랑 같이 밥 먹자'는 어때?"
제임스가 먼저 의견을 냈다.

"'나랑'이라고 하면 꼭 한 사람이랑 같이 먹는 기분이야. 친하지도 않은데 일대일로 마주 보면서 밥 먹는다고 생각하면 좀 부담스럽지 않을까?"

에이미의 조심스러운 의견에 제임스가 고개를 끄덕였다.

"그럴 수도 있겠다. 에이미, 그럼 네가 정해 봐."

"으윽, 난 일기 제목도 잘 못 짓는데……."

에이미가 뒤로 한발 물러섰다.

잠시 침묵이 흘렀다. 이름부터 짓기로 마음은 맞았지만 적당한 이름은 떠오르지 않았다. 조용히 생각하던 나탈리가 말을 꺼냈다.

"애들아, 난 '나'보다는 '우리'라는 단어가 들어가면 좋겠어."

"오, 굿 아이디어!"

제임스가 고개를 끄덕였다.

"그럼 '우리 같이 밥 먹자'로 할까? 그런데 뭔가 부족한 것 같긴 해."

콜윈은 눈썹을 모으고 곰곰이 생각했다. 조금 더 친근하고 좋은 이름을 생각해 내고 싶었다. 에이미와 제임스도 진지하게 고민했다.

"애들아, 예전 학교에서 따돌림을 당할 때 난 늘 식당에 혼자 앉았어. 그땐 누군가와 함께라면 얼마나 좋을지 상상했거든. 누군가 나에게 다가와 먼저 '같이 밥 먹을래?' 하고 말 걸어 주길 매일 기다렸어. 이름에 조금 따뜻한 느낌을 주면 어떨까?"

나탈리가 솔직한 경험에서 우러나온 의견을 냈다.

"그러면 '우리 같이 밥 먹을래?'는 어때? 아까보다 훨씬 낫다."

제임스가 배시시 웃었다.

"나도 좋아. 친구가 진짜로 말을 거는 느낌이잖아."

"다정하면서도 친구가 된 기분이라 편안해."

마침내 아이들의 마음이 하나로 뭉쳤다. '우리 같이 밥 먹을래?'라는 이름은 의미도 좋고 부르기도 편했다.

"좋았어, 그럼 절반은 끝냈으니 지금부터는 다 같이 앱만 만들면 되겠다."

나탈리의 얼굴이 활짝 피어났다.

"오케이!"

신이 난 아이들이 환호성을 지르며 손바닥을 마주쳤다.

"나탈리, 나 조금은 어른이 된 기분이야. 누군가를 돕는

일이 이렇게 기분 좋을 줄 몰랐어."

에이미의 목소리에 설렘이 묻어났다.

"나도. 무엇보다 너희들이 함께해 줘서 정말 고마워."

나탈리는 외로운 친구들을 위한 일에 첫 단추를 멋지게 낀 것 같아 벅찼다. 앞으로 친구들과 함께 하나씩 결실을 이뤄 가는 과정이 무척 기대되었다.

느려도 괜찮아

"이 앱 아이콘 어때?"

나탈리가 펼친 노트에는 웃는 얼굴 두 개가 나란히 그려져 있었다.

"음, 미안하지만 좀 촌스러워."

제임스가 조용히 고개를 저었다.

"그렇지? 하지만 내 실력으로는 이 정도가 최선이야."

나탈리도 자신의 그림이 마음에 들지 않았지만 어쩔 수 없었다. '우리 같이 밥 먹을래?'라는 의미를 한눈에 띄는 아이콘으로 만들려니 단순한 얼굴밖에 떠오르지 않았다.

"괜찮아. 좋은 뜻에서 만든 앱이니 디자인은 상관없겠지."

제임스가 나탈리의 등을 토닥였다.

"그보다 페이스북 계정이나 이메일로 쉽게 로그인하게 만들자. 난 앱 디자인보다 접속 방법을 간편하게 하는 것이 더 중요할 것 같아."

곰곰 생각하던 에이미가 아이디어를 냈다. 평소에 SNS 활동을 즐겨하는 에이미다웠다.

"완전 찬성! 따로 아이디 만들려면 귀찮으니까!"

나탈리는 에이미에게 엄지를 치켜올려 보였다. 클릭 한 번으로 가입되면 더 많은 학생들이 앱에 접속할 것 같았다.

"우리가 점심 초대 글을 올리면, 거기에 오고 싶은 아이들은 댓글로 신청을 하게 되는 건가?"

콜윈이 고개를 갸웃거렸다.

"그렇지!"

"얘들아, 나라면 처음 보는 애들과 만나자마자 밥을 먹으면 너무 어색할 것 같아. 대화를 하려면 적어도 서로의 이름이나 취미 정도는 미리 알 수 있으면 어떨까?"

가만히 듣던 제임스가 입을 열었다.

"듣고 보니 그러네. 상대방에 대해 아무것도 모르면 완전 어색해서 음식이 소화도 안 될 것 같아."

에이미는 천천히 고개를 끄덕였다. 다른 아이들도 미처 놓

쳤던 부분을 깨닫고 저마다 해결 방법을 고민했다.

"그러면 우리 앱에 채팅 기능이 있으면 좋겠다!"

한참 동안 고민하던 나탈리가 제안했다.

"채팅?"

제임스는 나탈리를 물끄러미 쳐다보았다. 느닷없는 채팅 이야기를 이해하지 못한 탓이었다.

"게시 글 올린 사람이랑 채팅을 할 수 있게 하는 거지. 서로에 대해 미리 조금 알 수 있도록."

"아, 그러면 마치 원래 아는 사이처럼 편하겠다!"

마침내 제임스의 얼굴이 밝아졌다.

"나탈리, 네 생각 정말 끝내준다."

이번에는 에이미가 나탈리를 추켜세웠다. 생각을 모으자 앱을 어떻게 구성할지 그림이 그려졌다.

"우리 학교 학생만 쓰는 채팅방 너무 멋지다! 난 빨리 앱 만들어서 채팅하고 싶어!"

콜원은 그때까지 못 기다리겠다고 설레발을 쳤다.

하지만 본격적으로 앱 프로그래밍에 들어서자 콜원의 얼굴이 나날이 어두워졌다. 콜원이 프로그래밍을 맡았기 때문이다.

"나탈리, 생각보다 코딩이 어려워서 큰일이야. 내 마음대로 잘 안 돼."

콜윈이 난감한 표정을 짓자 나탈리가 미소 지으며 대꾸했다.

"콜윈, 네가 우리 중에서 코딩을 제일 잘하잖아."

"컴퓨터 수업에서 앱 제작을 배우긴 했지만 실제로 앱은 처음 만들어 보거든. 페이스북 계정이나 이메일로 회원 가입하는 것까지는 쉬웠는데 채팅방 제작이 너무 어려워."

콜윈은 한숨을 푹 내쉬었다.

"어디 봐 봐."

친구들은 콜윈의 노트북 앞으로 모였다. 그런데 콜윈이 채팅방을 클릭하자 화면이 갑자기 멈추었다.

"어? 이게 왜 이러지? 아무리 눌러도 화면이 안 움직여."

"나도 몰라. 오류가 생겼나 봐."

당황한 콜윈은 이런저런 방법을 써 보았다. 하지만 앱은 여전히 먹통이었다.

"프로그래밍이 중간에 꼬였나? 시간이 꽤 걸릴 듯하니 내가 집에 가서 다시 살펴볼게."

"그래, 걱정 말고 천천히 해 보자."

나탈리는 걱정스러운 눈으로 앱을 보았다. 세련되고 멋진 앱을 만드는 일은 예상보다 훨씬 어려웠다. '우리 같이 밥 먹을래?' 앱을 만들면서 어째서 기업만 앱을 만들어 서비스를 하는지 깨달았다. 앱 제작은 꽤 복잡해서 경험이 많은 프로그래머가 아니라면 각종 문제가 생길 때마다 고생해야 할 것이다.

며칠 뒤, 콜윈은 지친 얼굴로 학교에 나타났다.
"어휴, 고장 난 앱 겨우 고쳤어."
"너, 다크서클이 턱 밑까지 내려왔어. 괜찮아?"
나탈리는 눈을 반쯤 감은 콜윈을 보고 깜짝 놀랐다.
"잘못된 프로그래밍 고치느라고 밤에 잠을 거의 못 잤거든, 너무 졸려."
하품을 한 콜윈은 책상에 엎드렸다.
"그런데 이 앱 아직도 이상해."
에이미는 잠든 콜윈이 듣지 못하게 작게 말했다.
"맞아. 앱 스토어에 있는 다른 앱에 비하면 너무 느려."
제임스도 소곤거렸다.

"하지만 콜윈이 최선을 다해 만들었잖아. 무료로 쓰는 앱이니 우리 학교 친구들은 모두 이해해 줄 거야. 이대로 앱 스토어에 등록하자."

나탈리는 아이들이 '우리 같이 밥 먹을래?'에 관심을 가지는 데 부디 앱의 속도가 걸림돌이 되지 않기를 바랐다.

앱 스토어에 등록 요청을 한 지 일주일이 지난 어느 날, 제임스가 물었다.

"나탈리, 빨리 우리 앱 쓰고 싶은데 아직이야?"

"앱 스토어에 메일을 보냈는데 아무 연락이 없어."

"난 신청만 하면 바로 될 줄 알았는데……."

실망한 제임스는 말끝을 흐렸다. 앱을 등록하기까지 대기가 너무 길어 답답했다.

"앱이 너무 많아 회사가 바쁜가 봐. 이따가 다시 문의 메일 보낼게."

나탈리는 속상한 마음을 감추고 제임스를 위로했다. 생각보다 검토 기간이 길었다.

얼마 후 드디어 앱 스토어에서 메일이 왔다.

"어?"

기쁜 마음으로 메일을 클릭한 나탈리는 깜짝 놀랐다. '우리 같이 밥 먹을래?' 앱의 등록을 거부하는 내용이었기 때문이다.

나탈리 햄프턴 양, 안타까운 소식을 전해 드리게 되어 유감스럽습니다. '우리 같이 밥 먹을래?'는 시스템이 불안정해 앱 스토어에 등록하기 부적절합니다. 또한 앱 스토어의 개인 정보 보호 기준을 준수해 주시기 바랍니다. 시스템을 업그레이드한 후 다시 신청해 주세요.

앱 스토어 관리자가 보낸 메일은 친구들에게 충격을 주었다. 아무리 뜻이 좋아도 앱 스토어에 올라가지 못하면 아무 소용이 없었다.
"난 최선을 다했지만 내 실력으로는 부족한가 봐."
몇 달 동안 앱에 매달려 온 콜윈은 무척 실망했다.
"괜찮아 콜윈. 내가 다른 방법을 찾아볼게."
"다른 방법이라니? 넌 프로그래밍을 못하잖아."
친구들은 눈을 동그랗게 뜨고 나탈리를 쳐다보았다. 이런 상황에서도 의연했기 때문이다.

"아직은 나도 몰라. 하지만 계속 노력하면 방법이 생길지도 모르지."

나탈리는 불안했지만 아무렇지도 않은 척 미소 지었다.

집에 돌아온 나탈리는 노트를 폈다. 예전 학교에서 외로울 때는 혼자서 노트를 펴고 그림을 그리거나 글을 썼다. 눈물을 훌쩍거리는 대신 상상 속 친구들과 같이 노는 그림을 그리고, 용기를 다짐하는 글을 끼적였다. 다행히 새 학교에서 좋은 친구들을 사귀었지만, 다 같이 힘을 모아 준비했던 앱이 등록에 실패하자 따돌림당했을 때와는 또 다른 슬픔이 느껴졌다.

"그래, 겨우 앱은 한 번 거절당했을 뿐이야."

외톨이로 살던 2년의 시간을 떠올렸다. 그 오랜 시간을 혼자 견뎠으니 앱 만들기도 똑같이 하면 될 것이다. 답답하고 막막하지만 점심시간에도 쓸쓸히 지내는 아이들을 생각하면 앱을 절대 포기할 수 없었다.

"무슨 고민 있니?"

엄마가 노트 앞에 앉아 있는 나탈리의 머리를 쓰다듬었다.

"네, 전에 말했던 앱을 만들었는데 앱 스토어 등재를 거절당했어요. 이런 앱은 전문가가 만들어야 하나 봐요."

"저런, 열심히 노력했는데 안타깝네."

"어떡해야 할지 모르겠어요."

나탈리는 땅이 꺼질 듯 한숨을 내쉬었다.

"전문 프로그래머가 필요하다면, 자원봉사자를 찾아보면 어떨까?"

"자원봉사자요? 누군가 나서 줄까요?"

"너희들도 서로 돕듯이 분명히 프로그래머 중에도 재능을 기부하고 싶은 사람이 있을 거야. 자원봉사 사이트에 도움을 요청해 봐."

"엄마, 아이디어 정말 고마워요!"

방으로 돌아온 나탈리는 바로 자원봉사자를 구하는 사이트에 글을 올렸다.

'우리 같이 밥 먹을래?' 앱 제작을 도와주실 프로그래머를 찾습니다. 학교 점심시간에 같이 밥 먹을 친구를 찾는 앱입니다. 앱 프로그래밍이 너무 복잡해서 어려움을 겪고 있어요. 저희와 함께 즐거운 점심시간을 만들어 주실 분은 꼭 연락해 주세요!

"제발 연락이 왔으면 좋겠다."
 나탈리는 두 손을 꼭 쥐었다.
 얼마나 시간이 지났을까. 게시 글 아래에 댓글이 하나 올라왔다.

 제가 도움을 주고 싶어요. 연락처를 알려 주면 전화할게요!

 나탈리는 저도 모르게 의자에서 벌떡 일어나며 두 팔을 치켜들었다. 크게 소리라도 치고 싶은 마음이었다. 글을 올리면서도 과연 누가 돕겠다고 나설까 싶었기 때문이다. 나탈리는 재빨리 자신의 휴대 전화 번호를 쪽지로 보냈다. 곧이어 휴대 전화가 울렸다.
 "여보세요?"
 "'우리 같이 밥 먹을래?' 앱을 만드는 나탈리인가요?"
 전화기 건너편에서 부드러운 목소리가 들려왔다.
 "네, 제가 나탈리입니다."
 "저는 대학에서 프로그래밍을 공부하는 헨리라고 해요."
 "도와주셔서 정말 감사해요!"
 "실은 나도 고등학생 때 따돌림을 당해 점심을 혼자 먹었어요. 나탈리의 글을 읽자마자 아픈 기억이 떠올랐어요."
 헨리는 자신이 겪은 일을 털어놓았다.
 "어머나!"
 "저 같은 아이들에게 힘이 되는 앱 같아서 나탈리를 돕고 싶어요."
 "저도 지금은 좋은 친구들이 있지만 예전에 따돌림을 당해서 이 앱을 만들기로 결심했어요."
 "우리는 나이도 다르고 성별도 다르지만 공통점이 있네요. '우리 같이 밥 먹을래?'를 돕게 되어 진심으로 기뻐요."
 차분한 목소리에 웃음이 묻어났다.
 "몇 달 동안 노력해서 앱을 만들었는데 앱 스토어에서 등록을 거절해 무척 실망했어요. 뭐가 문제일까요?"
 "프로그래밍한 파일과 앱 스토어에서 보낸 답장을 나한테 전해 줄래요? 어쩌면 소셜 로그인에 문제가 있거나 탈퇴 및 신고 기능이 없어서 문제가 생겼을 수 있어요. 프로그래머들도 놓치기 쉬운 부분이거든요."
 헨리는 앱이 거절당했을 몇 가지 가능성에 대해 말했다.
 "어? 그런 건 미처 생각도 못했어요. 앱을 완전히 뜯어고쳐야 할까요?"

"글쎄요, 내가 한번 파일을 보고 얘기해 줄게요."

며칠 뒤 헨리가 꼼꼼하게 수정한 앱 파일을 보내왔다. 나탈리는 앱 스토어에 다시 등록을 요청했다. 그리고 얼마 후 드디어 '우리 같이 밥 먹을래?' 앱 서비스가 시작되었다.

외롭지 않은 점심

나탈리와 친구들이 학교 식당 앞을 서성였다. 어제 앱에서 채팅으로 대화했던 아이가 나올지 궁금했다.
"블루로티가 정말 올까?"
에이미는 불안한 표정으로 손톱을 깨물었다.
"당연하지! 근데 '블루로티'라는 닉네임은 무슨 뜻이지?"
'블루'라는 단어에 우울하다는 뜻이 있어서 콜윈은 '블루로티'라는 닉네임이 신경 쓰였다. 콜윈이 스마트폰을 꺼내 앱을 클릭하자, '오늘의 점심' 게시판에 식당에서 꼭 만나자고 쓴 블루로티의 이름이 보였다. 콜윈은 앱에 들어간 김에 가입한 아이들이 몇 명이나 되나 다시 세었다. 벌써 스무 명이었다. 프로필에는 자신의 얼굴 사진을 올린 아이들도 있었고, 반려동물, 운동 등 관심사를 여럿 적어 둔 아이들도 있었다.

"아직 수업이 안 끝났나? 조금 더 기다려 보자."

콜윈은 목을 길게 빼고 새 친구를 기다렸다.

"난 며칠 전 쉬는 시간에 우리 앱 내려받는 애를 봤어. 혹시 그 여자아이일까?"

제임스가 고개를 갸우뚱했다.

"글쎄. 아마 블루로티에게는 시간이 필요할지도 몰라. 이런 식으로 장난을 치면서 괴롭히는 건 아닌가, 두려울 수도 있어. 나도 그랬었거든."

2년 전 기억을 떠올려 보니 나탈리는 블루로티가 여기 나오기까지 얼마나 많은 고민을 했을지 가늠이 되었다.

"조금만 더 기다려 보자."

"알았어. 배고프지만 참아 볼게."

제임스는 쿵쿵거리며 식당 안쪽을 쳐다보았다. 맛있는 음식 냄새가 풍겨 왔지만 먼저 가 버리면 블루로티가 실망할지도 모른다.

"저……."

그때 한 여자아이가 머뭇거리며 다가왔다.

나탈리와 친구들은 수다를 멈추고 그 아이를 쳐다보았다.

"혹시…… '우리 같이 밥 먹을래?'라는 앱에서 채팅했던 애들이니?"

자그마한 목소리가 소곤거렸다.

"응, 맞아!"

네 명의 아이들은 약속이라도 한 것처럼 똑같이 대답했다. 자신들이 만든 앱을 보고 찾아온 첫 친구를 만난 기쁨에 저절로 목소리가 커졌다.

"으아, 깜짝이야."

여자아이의 눈썹이 올라갔다 내려왔다.

"미안, 목소리가 너무 컸지? 난 나탈리라고 해."

나탈리는 생긋 웃으며 자신을 소개했다.

"난 콜윈이야. 제임스, 에이미와도 인사해."

"어…… 안녕. 난 블루로티야."

블루로티의 얼굴이 빨개졌다. 무척 부끄러움을 타는 아이 같았다.

"블루로티는 내 닉네임이고…… 진짜 이름은 샬럿이야."

새 친구가 용기 내어 이름을 말했다.

"샬럿, 예쁜 이름이네!"

에이미의 칭찬에 샬럿의 볼은 진한 붉은빛이 되었다.
"샬럿, 나와 줘서 고마워. 우리 이제 밥 먹으러 가자!"
"……응."
보일락 말락 고개를 끄덕인 샬럿은 친구들과 함께 식당으로 들어갔다.
"콜윈, 오늘 점심 또 스파게티랑 샐러드야. 망했다."
제임스가 실망스러운 얼굴로 외치자 콜윈이 받아쳤다.
"그래 놓고 많이 먹을 거지?"
나탈리와 친구들은 샬럿 주변에 앉아 평소처럼 떠들었다.
"샬럿, 너는 샐러드 좋아해?"
나탈리가 샐러드를 우물거리며 물었다.
"아니, 나도 엄마가 시켜서 억지로 먹어."
용기를 낸 샬럿은 조금씩 대화에 참여했다.
"어, 나도 그래. 우린 모두 입맛이 똑같네. 친구끼리는 닮는 건가?"
에이미가 말했다.
"친구?"
그때 샬럿이 아이들을 둘러보았다. 기분이 묘했다.
"응, 우리 밥 같이 먹으니까 친구 맞잖아."

나탈리가 다정하게 대답하며 미소를 건넸다. 그동안 혼자 외롭고 두려운 시간을 보냈을 샬럿을 위로해 주고 싶었다.

"나탈리…… 콜윈…… 제임스……에이미……."

샬럿은 울먹거리며 아이들의 이름을 하나씩 불렀다. 어느새 커다란 눈에서 눈물이 흘렀다.

"샬럿, 왜 울어. 괜찮니?"

당황한 아이들은 어쩔 줄 몰랐다.

"난 그동안 친구가 없었어. 그런데 갑자기 친구가 네 명이나 생겨서 너무 좋아……. 너무 좋아서 눈물이 나."

따뜻한 환대에 감동받은 샬럿은 기쁨의 눈물을 흘렸다. 더 이상 외톨이가 아니라니 안심되었다.

"난 누가 장난치거나 아이들을 괴롭히려고 앱을 만들었다고 생각했어. 그런데 너희들은 정말 좋은 친구들이구나."

"그동안 많이 힘들었지……. 이제 괜찮아."

나탈리는 샬럿의 말에 뭉클해졌다.

"그동안 내가 쓸모없는 사람처럼 느껴졌어. 만약 내가 학교에서 사라져도 아무도 날 찾지 않을 것 같았거든."

"그런 말 하지 마. 벌써 이렇게 친구가 많이 생겼잖아."

네 명의 아이들은 새 친구의 등을 토닥이며 위로했다.

"응, 더 이상 나쁜 생각은 하지 않을게. 난 이제 혼자가 아니니까."

눈물을 닦은 샬럿은 자신을 둘러싼 친구들을 바라보며 활짝 웃었다.

"모두들 정말 고마워."

"눈에 뭐가 들어갔나. 왜 간지럽지."

콜윈은 괜히 먼지 탓을 하며 눈을 껌벅였다. 자신도 모르게 콧잔등이 시큰해진 모양이었다.

다 같이 힘을 합쳐

"애들아, 우리가 '우리 같이 밥 먹을래?'라는 앱을 만들었는데 한번 다운받아 볼래? 같이 점심 먹자고 제안하는 앱이야."

나탈리, 제임스, 에이미, 콜윈, 그리고 샬럿은 등교하는 아이들에게 안내문을 나눠 주었다. 그동안 친한 친구들에게만 앱 이야기를 했더니, 가입을 하는 아이들이 많지 않았다. 그래서 오늘은 안내문을 만들어서 등굣길 친구들에게 홍보를 해 보기로 했다.

"앱 스토어에서 '우리 같이 밥 먹을래?'라고 검색해 봐. 무료 앱이야."

"공짜라고?"

지나가던 아이들이 종이를 유심히 보았다.

"어, 이 고양이 그림 귀엽다."

"고마워, 내가 그린 그림이야. 뒷면에 강아지도 있어."

나탈리가 적극적으로 안내문을 나눠 주었다.

"같이 점심 먹자는 앱이라니, 정말 신기하다."

"재미있네."

안내문을 받은 아이들은 수다를 떨며 사라졌다.

"제발 많은 아이들이 모이면 좋겠다."

"분명히 올 거야. 나한테 다가와서 안내문을 달라고 말한 애도 있었거든."

샬럿은 기쁜 목소리로 말했다. 몇 주 사이 부쩍 밝아진 얼굴이었다.

드디어 점심시간이 되었다.

"저…… 너희들이 아까 이 종이 나눠 줬지?"

남자아이 하나가 쭈뼛거리며 다가왔다.

"맞아, 우리는 함께 점심 먹을 친구를 찾고 있어."

제임스가 환한 얼굴로 맞았다.

"반가워. 난 마틴이야. 아직 앱을 다운받지는 않았는데, 멀리서 보니 너희들 같아서 와 봤어."

남자아이가 말했다. 그때 모기처럼 작은 목소리 하나가 들렸다.

"나도 점심 같이 먹어도 될까?"

마틴 뒤로 단발머리 여자아이 하나가 서 있었다.

"당연하지. 어서 와."

나탈리의 눈이 반가움에 커다래졌다. 나탈리가 전학 온 첫날 학교 식당에서 본 아이였기 때문이다. 리나에게 말을 걸었다가 무안을 당했던 그 아이. 나탈리 마음 한구석에 자리 잡아 '우리 같이 밥 먹을래?' 앱을 시작하게 만든 그 아이 말이다!

"환영해 줘서 고마워. 내 이름은 로라야."

나탈리는 로라의 등장에 세상을 다 얻은 것 같았다. 아직 앱 가입자는 얼마 되지 않았지만 말이다.

아침에 앱 홍보 안내문을 나눠 주었더니 순식간에 두 명의 친구가 모였다. 비록 앱을 통해서 온 건 아니지만 말이다. 수줍어하는 두 친구 곁에 콜윈과 에이미가 나란히 섰다.

"넌 점심 메뉴 중에서 뭐가 가장 좋아?"

"난 디저트로 나오는 초콜릿케이크 좋아해."

"진짜? 나도 초콜릿케이크 나오는 날만 기다려."

식판을 든 아이들은 왁자지껄 수다를 떨었다. 오늘 처음 만난 사이라고 믿기지 않을 정도로 편안하게 학교생활에 대해 이야기를 나눴다.

"너희들과 오늘 처음 만났지만 어쩐지 오래전부터 친한 느낌이야."

조심스럽게 입을 연 마틴은 주변을 계속 둘러보며 눈치를 살폈다.

"야, 같은 학교 학생은 다 친구야. 안 그래, 샬럿?"

"맞아, 콜윈. 우리 모두는 원래 친구지."

콜윈과 샬럿은 손바닥을 짝 마주쳤다. 한마음이 된 친구들 속에서 나탈리는 활짝 웃었다. 혼자 친구를 사귀었을 때보다 훨씬 기뻐 마음이 벅차올랐다.

앱 채팅에 참여하는 아이들도 조금씩 늘어났다. 하루 서너 명이던 새 가입자도 스무 명으로 늘어났다. 나탈리, 콜윈, 제임스, 에이미는 돌아가며 매일 점심 모임에 초대한다는 글을 올렸고, 그에 호응하는 채팅이 줄줄이 이어졌다.

"저…… 여기가 '우리 같이 밥 먹을래?' 앱 사용자 모임 맞지?"

"응, 어서 와."

며칠 뒤, 나탈리는 새로 온 다섯 명의 친구를 반겼다. 콜원과 제임스, 에이미는 어색한 표정의 아이들에게 다정하게 말을 걸었다. 채팅방에서 대화했던 내용을 이야기하자 모두의 얼굴이 금세 밝아졌다. 친한 친구처럼 스스럼없이 이야기를 나누고 점심을 먹었다.

"이렇게 계속 아이들이 늘어나면 나중엔 우리 학교에서 혼자 밥 먹는 사람이 없어지겠지?"

점심시간이 끝나자 콜원이 어깨를 으쓱거렸다. 아이들 사이에 이 모임이 알려지자 기분이 좋아졌다.

"학교 식당에서 혼자 밥 먹는 애들이 줄어서 분위기가 전보다 훨씬 밝아졌어."

나탈리와 친구들은 웃으며 떠들었다. 더 많은 마음이 모일수록 신나고 기운이 솟았다.

"웃기고 있네."

그때 코웃음 치는 소리가 들렸다. 리나였다. 나탈리가 전학 온 첫날 학교 식당에서 같이 점심 먹자고 다가온 로라를 무시했던 그 아이다.

"너 지금 뭐라고 했니?"

나탈리가 눈에 힘을 주었다.

"너무 황당해서 말이야."

리나가 비꼬자 옆에 선 아이들이 키득거렸다.

"친구들이랑 밥 먹는데 비웃다니, 너 정말 못됐다."

"못된 게 아니라 똑똑한 거지. 이런 거지 같은 앱을 보고 모이는 애들은 뻔하지 않겠어? 우리처럼 인기 많은 애들은 이런 모임에 나갈 필요가 없거든."

리나 옆에 서 있던 저스틴이 고개를 절레절레 흔들며 말했다.

"아니야, 모두 좋은 친구들이라고."

"야, 그 앱 어차피 망할 테니 빨리 없애. 창피당하기 싫으면 지금이라도 그만둬."

콜원이 발끈하자 리나는 로라를 빤히 쳐다보며 악담을 퍼부었다.

"아싸들이 모여 봤자 얼마나 모이겠니. 며칠 못 가 다들 구석에 처박힐걸? 아무리 흉내 내 봤자 너희 같은 애들은 우리 못 따라와."

"우리는 아무도 따라 하지 않아. 그리고 너희 같은 애들이 비웃어도 계속할 거야."

나탈리는 주먹을 꼭 쥐고 대답했다. 속상해서 입술이 떨렸지만 리나 무리에게 지기 싫었다.

"아이고, 무서워라. 난 이제부터 앱 망하는 거 구경이나 해야겠다."

리나 무리는 낄낄거리며 사라졌다.

다리에 힘이 풀린 나탈리는 바닥에 풀썩 주저앉았다. 화가 나서 목소리를 높여 대꾸했지만 너무 긴장했던 모양이다.

"나탈리 괜찮니?"

놀란 친구들이 나탈리를 부축했다.

"난 괜찮아. 하지만 우리 앱을 비웃는 아이들을 용서할 수 없어."

"나도. 리나처럼 다른 아이들 따돌리는 애들 정말 싫어."

샬럿은 얼굴이 빨개질 정도로 화를 냈다.

"얘들아, 우리 다른 애들이 비웃지 못하게 꼭 해내자. 점심시간만큼은 인싸도, 아싸도 없게 해 보자고."

"물론이지."

"나도."

나탈리와 친구들은 서로 마주 보았다. 함께라면 무엇이든 할 자신이 생겼다.

확 바뀐 학교

다행히 '우리 같이 밥 먹을래?'를 사용하는 아이들은 점점 늘어났다. 가끔은 열 명이 넘는 친구들이 모여 몇 팀으로 나누어 앉아 점심 식사를 했다.

"앱 다운로드 수가 점점 늘고 있어. 모두 우리 학교 학생이니 앞으로도 많은 친구가 올 것 같아."

매일 친구를 기다리는 보람은 있었다. 하지만 하루도 빠지지 않고 식당에서 친구를 기다리는 일은 생각보다 어려웠다. 아파서 결석하거나 시험 준비로 바빠지면 식당에서 시간을 보낼 수 없었다.

"나는 내일 병원 가서 학교에 못 나올 것 같아. 점심시간에 너희들끼리 모여도 되지?"

에이미가 친구들에게 부탁했다.

"콜윈은 여행 갔고, 나는 체육 수행 평가 때문에 점심시간에 연습해야 하는데……."

제임스가 미안하다고 말했다.

"난 감기 때문에 열이 나. 혹시 내가 나가서 친구에게 감기를 옮기면 어떡해."

샬럿은 콜록콜록 기침을 했다.

"어쩔 수 없지. 내일은 내가 혼자 나갈게. 만약 누군가 나왔다가 아무도 없어서 실망하고 돌아가면 안 되니까."

나탈리가 어깨를 으쓱했다.

"고마워. 대신 네가 바쁠 땐 내가 꼭 나갈게."

샬럿이 새끼손가락을 내밀었다.

"그래, 우리 모두 바쁘지만 누구라도 한 명은 꼭 나가자. 모임에 오겠다는 아이들끼리 점심을 먹어도 되긴 하겠지만, 아무래도 조금 어색할 거야."

"응, 약속해."

다섯 명의 아이들은 돌아가면서 점심시간마다 모임을 열었다. 그 덕분에 외톨이였던 아이들도 친구를 사귀고 혼자 점심 먹는 아이들이 점점 줄어들었다. 뿐만 아니었다. 점심을 함께 먹은 아이들은 교실에서도 친해졌다. 어느새 복도와 운동장에서도 혼자 다니는 학생들이 줄어들었다.

어느 날 제임스가 조심스럽게 입을 열었다.
"나탈리, 이 모임이 좋긴 한데 가끔 힘들 때가 있어."
"혹시 무슨 일이 생겼니?"
"아니. 때론 나도 조금 쉬고 싶거든. 가끔은 우리 없이 새로운 친구들끼리 모이면 좋을 것 같아."
축구를 좋아하는 제임스는 요즘 점심시간에 축구를 못 해서 아쉬운 눈치였다.
"나도 같은 생각이야. 지금은 우리만 모임을 주최하는데 이런 식이면 우리가 졸업한 뒤엔 이 모임이 사라질지도 몰라."
콜윈이 둘 사이에 끼어들었다. 지금은 수줍어하는 아이들을 위해 나탈리와 친구들이 적극적으로 나서다 보니 모두 조금씩 피로해졌다.
"아, 미처 생각 못 했던 부분이었어. 너희들 말대로 새로운 친구들이 알아서 모인다면 훨씬 좋겠다."
나탈리는 천천히 고개를 끄덕였다. 만약 학교 친구들이 스스로 만난다면 더 많은 아이들이 친해질 기회가 생길 것 같았다.

"그런데 앱에 가입한 아이들이 적극적으로 모임 주최 글을 올릴까? 우리는 이 앱이 왜 필요한지 알고 있고, 여러 명이니까 부담 없이 글을 올렸지만 말이야. 평범한 아이들이 낯선 친구들을 자신이 주최가 된 점심 모임에 초대하는 일은 책임감이 있어야 가능한 거잖아?"

콜원이 걱정스럽게 말했다.

"우리가 안 하면, 아무도 모임 공지 글을 안 올리면 어떻게 하지?"

에이미가 손톱을 깨물었다.

"그럴 수도 있겠다. 그럼, 우리처럼 책임감을 가지고 활동을 하게 하려면 어떻게 해야 할까?"

나탈리가 물었다.

"책임감을 갖게 할 역할을 주면 어때? 예를 들어 '앰배서더(ambassador)' 같은 이름 말이야. 멋진 이름이 생기면 아이들이 잘 나설 것 같아."

곰곰이 생각하던 에이미가 입을 열었다.

앰배서더는 나라를 대표하여 다른 나라에 파견되어 외교를 맡아보는 사람을 뜻하는데, 브랜드·기관·캠페인 등 다양한 집단을 대표해 홍보하는 사람을 의미하기도 하는 말이다.

"앰배서더! 정말 좋은 생각이야, 에이미!"

나탈리가 활짝 웃었다.

집으로 돌아온 나탈리는 팔짱을 끼고 모니터를 쳐다보았다. 그러다가 한숨을 푹푹 내쉬었다.

"나탈리, 무척 심각한 표정인데 혹시 숙제가 너무 어렵니?"

"아니요, 엄마. '우리 같이 밥 먹을래?' 앱을 바꾸는 중이에요."

나탈리는 어깨에 손을 얹은 엄마에게 미소 지었다.

"그래? 무슨 일인데 이렇게 진지하니?"

"우리 학교 친구라면 누구나 우리 앱의 앰배서더가 될 수 있게 하려고요. 각자 관심 분야의 모임을 만들면 더 많은 친구들이 모일 것 같아요."

"좋은 생각이네."

엄마가 나탈리의 머리를 천천히 쓰다듬었다.

"우리가 만든 앱이 어떤 의미를 가지고 있는지 전하면 진심으로 활동할 아이들을 모을 수 있을 것 같아서 정리 중이었어요."

 나탈리는 컴퓨터에 입력하던 내용을 엄마에게 보여 주었다. 앰배서더가 되기 위한 서약서였다.

'우리 같이 밥 먹을래?' 앰배서더 서약서

나는 점심시간에 혼자 밥을 먹는 사람이 없어야 한다고 생각하며,
모두에게 따뜻하고 포용적인 학교 공동체를 만들고자 합니다.

나는 다른 사람들을 점심 모임에 초대하여
새로운 친구를 사귀는 데 열려 있습니다.

나는 다른 사람들이 점심 모임에 참여할 수 있도록
정기적으로 '열린 점심(날짜, 시간, 장소를 알려 줄 것)'을
게시하는 것에 동의합니다.

나는 참여하는 모든 사람을 환영하고 그들과 대화할 것입니다.

"어때요, 엄마? 이 내용 괜찮아요?"
 나탈리는 찬찬히 글씨를 읽는 엄마에게 조심스럽게 질문했다.
 "와, 정말 훌륭한데!"

나탈리의 엄마는 점점 발전하는 앱에 감탄했다. 또한 친구 사귀기를 뛰어넘어 학교 전체를 따뜻하게 바꾸려는 나탈리의 굳은 의지를 깨달았다.

"그래요? 그러면 얼른 이 내용을 친구들에게 보여 주고 앱에 올려야겠어요."

나탈리는 방금 작성한 내용을 친구들에게 이메일로 보냈다.

얼마 후 콜윈은 '우리 같이 밥 먹을래?' 앱에 앰배서더를 모집한다는 공지를 올렸다. 그리고 관심 분야에 따라 점심 모임을 주최할 수 있도록 앱을 업그레이드했다. 이제 앱에 가입할 때 나탈리가 작성한 앰배서더 서약서가 팝업 창으로 안내되었다.

누구나 앰배서더가 되어 흥미와 취미가 맞는 친구를 찾을 수 있게 되자 앱 이용자가 점점 늘어났다. 얼마 지나지 않아 나탈리와 친구들 외에 다른 아이들이 각자 취미에 맞는 점심 모임을 만들었다. 영화, 게임, 케이팝 등 관심에 따라 작은 모임이 많이 생겼다.

 비츠
📢 [케이팝을 사랑하는 사람들 모여라!]
언제 : 10월 17일 낮 12시
어디서 : 학교 식당 왼쪽에서 세 번째 탁자
누가 : 케이팝을 좋아하는 사람 누구나
주최자 : 비츠

 비츠
케이팝에 관심 있는 친구들 있니?

케이사랑
나! 난 케이팝 때문에 한글도 배우고 있어.

 비츠
진짜? 난 아직 한글은 잘 몰라서 노래 가사만 겨우 따라 해. 내겐 조금 어렵더라.

케이사랑
그러면 내가 한글 가르쳐 줄까? 난 조금 읽고 쓸 줄 알거든.

 비츠
진짜? 그러면 너무너무 좋지! 그럼 나랑 점심시간에 만날래?

케이사랑
좋아.

제니퍼
나도 너희랑 같이 점심 먹어도 돼? 나도 케이팝 좋아하거든.

케이사랑
물론이지. 우리 모여서 서로 좋아하는 아이돌 얘기하자!

 클리블랜드
📢 **[농구 좋아하는 누구나 환영]**
언제 : 10월 17일 낮 12시
어디서 : 학교 식당 화분 앞 탁자
누가 : 농구 좋아하는 사람 누구나
주최자 : 클리블랜드

 클리블랜드
여긴 농구 모임 방이야. 농구를 좋아한다면 누구나 환영해.

워너비르브론
난 농구를 잘하진 못하지만 좋아해. 그런데 아이들이 경기에 끼워 주지 않아서 할 기회가 없어.

 클리블랜드
사실 나도 ㅋㅋㅋ

워너비르브론
와, 네 말 들으니까 완전 반갑고 안심된다. 우리 같이 농구 해 볼래?

에릭
잠깐, 얘들아 나도 끼워 줘. 나도 농구 같이하자.

조던
나도 나도. 여러 명 모이면 팀도 나눌 수 있겠다!

 클리블랜드
좋아. 그럼 우리 내일 점심 빨리 먹고 다 같이 농구하러 가자!

워너비르브론
오케이!

앰배서더 기능이 추가된 앱의 반응은 폭발적이었다.

"나탈리, 앱 봤니? 오늘은 '우리 같이 밥 먹을래?'에서 무려 다섯 팀이나 모여."

흥분한 제임스는 식당으로 달려와서 스마트폰을 내밀었다. 화면에는 케이팝, 농구, 피구, 슈팅 게임을 주제로 한 초대 글이 보였다.

"나도 봤어, 우리 모임 빼고 네 팀이나 있어서 깜짝 놀랐어."

"이 애들 봐, 정말 신기하다."

샬럿은 삼삼오오 모여 이야기꽃을 피우는 아이들을 쳐다보았다. 수줍어하던 아이들이 적극적으로 친구를 찾는 모습은 기대 이상이었다.

"얘들아, 우리가 학교를 바꾸고 있어."

나탈리는 두근거리는 가슴을 꼭 누르고 친구들을 둘러봤다. 작은 씨앗이 싹을 틔워 큰 나무가 되듯, 같이 밥을 먹으려는 시도가 점심시간을 활기차게 바꾸자 감동이 밀려왔다.

"정말. 좋은데…… 너무 좋아서 가슴이 뭉클해."

샬럿은 나탈리의 손을 꼭 잡고 눈물을 글썽였다. 단 한 명의 친구도 없던 자신에게 좋은 친구가 생겼고, 자신과 같은

입장인 아이들까지 돕다니. '우리 같이 밥 먹을래?' 앱이 없을 땐 상상도 못 하던 일이었다.

"정말 고마워, 애들아."

샬럿이 울먹이자 친구들은 쑥스러운 표정으로 서로를 보았다.

이제 학교 안을 걷고 있으면 많은 아이들이 나탈리와 친구들을 알아보았다.

"안녕, 나탈리!"

"콜윈, 어디 가?"

"샬럿, 오늘 점심 나랑 같이 먹을래?"

머뭇거리던 모습이 사라진 새 친구들은 먼저 말을 걸어오기도 했다.

"나탈리, 내가 만든 쿠키인데 먹어 봐. 못생겨도 맛은 은근 괜찮아."

앱을 만들어 줘서 고맙다며 선물을 주는 친구도 생겼다. 이제 학교 안에서 어디에 가도 친근하게 다가오는 아이들이 있었다.

"치, 쟤네 뭐야?"

멀리서 나탈리 일행을 지켜보던 리나는 눈썹을 찡그렸다. 수십 명의 친구들이 모여 웅성거리는 곳에서 웃음소리가 들렸다. 원래 이 학교에서 가장 인기 있는 애들은 리나 무리인데 어쩐지 조금씩 밀려나는 느낌이었다.

"우리가 따돌린 애들이 저 모임에 나가서 서로 친구가 되더라고. 진짜 어처구니없어."

저스틴이 투덜거렸다. 리나 무리의 눈 밖에 난 애들은 떠돌이가 되어야 하는데 오히려 더 즐거워 보였다. 예전엔 괴롭히는 아이들이 울어서 재미있었는데 요즘은 따돌려도 소용이 없었다. 따돌림당한 아이들끼리 뭉쳐 더 큰 모임이 되니 오히려 자신들이 소외되는 기분이었다.

"솔직히 요즘은 우리보다 저쪽 애들이 인싸 같아."

"아이, 짜증 나!"

저스틴이 중얼거리자 리나는 쿵쿵거리며 어디론가 사라졌다. 인정하긴 싫지만 나탈리가 만든 앱은 훌륭했고 점점 더 많은 인기를 얻었다.

뜻밖의 초대

"우와!"
스마트폰을 클릭하던 나탈리가 갑자기 벌떡 일어섰다.
"무슨 일이야?"
콜윈이 깜짝 놀라 물었다.
"얘들아, 지역 신문 기자가 '우리 같이 밥 먹을래?' 앱에 대해 취재하고 싶다고 이메일을 보냈어."
나탈리의 목소리가 커졌다.
"뭐라고?"
옆에 있던 제임스와 에이미가 나탈리를 둘러쌌다.
"우리를 인터뷰하고 싶대."
"우리가 만든 앱을 어떻게 알았지? 신기해."

나탈리는 이메일을 아이들에게 보여 주었다. 에이미와 샬럿은 기쁨의 비명을 지르며 팔짝팔짝 뛰었다. 제임스와 콜원도 믿기지 않는 듯이 눈을 마주쳤다.

며칠 후, 나탈리와 친구들은 학교 식당에서 지역 신문 기자를 만났다.
"안녕하세요, 저는 로스앤젤레스 신문 기자 엘리자베스 하드윅입니다. 여러분이 '우리 같이 밥 먹을래?'를 개발한 학생들인가요?"
"네, 맞아요."
아이들은 약속이라도 한 것처럼 동시에 대답했다.
"학생들이 대단하네요."
"저, 그런데요. 질문이 있어요."
콜원이 호기심을 참지 못하고 입을 열었다.
"기자님은 우리 학교 학생도 아닌데 저희 앱에 대해서 어떻게 알았어요?"
"아, 저는 트위터와 페이스북에 올라온 소식을 봤어요. 이 학교는 점심시간에 친구를 초대하는 아주 멋진 앱이 있다는 이야기가 인터넷에 쫙 퍼졌거든요."

기자는 어리둥절하게 쳐다보는 아이들을 보며 흐뭇한 미소를 지었다.

"저희 앱 이야기가 인터넷에 퍼졌다고요?"

제임스가 되물었다.

"그럼요. 여러분 꽤 유명해요. 그래서 제가 이렇게 취재를 나왔죠."

나탈리와 친구들은 기자가 알려 준 SNS에 접속하고 깜짝 놀랐다. 오직 나탈리네 학교에서만 쓰이는 앱인데 여러 SNS에 소개돼 있었기 때문이었다.

"어, 우리랑 같이 점심 먹은 마틴이 우리 앱을 소개했어."

제임스가 놀란 눈으로 스마트폰 화면을 응시했다.

"여기엔 로라가 올린 글과 점심 사진이 있어. 사진 정말 멋지다."

나탈리가 스마트폰 화면을 보여 주었다.

앱을 통해 새로운 점심 친구가 된 아이들이 올린 글에 많은 사람들이 '좋아요' 버튼을 눌렀다.

기자는 학교 식당 안의 여러 모임과 앱을 번갈아 보며 감탄했다. 직접 눈으로 확인한 학교는 예상을 뛰어넘었다. 삼삼오오 모여 수다를 떠는 학생들의 환한 얼굴과 밝은 식당

분위기는 다른 학교와 많이 달랐다.

"솔직히 말하면, 학생들이 한 일이라 큰 기대를 하고 오진 않았어요. 그런데 활기찬 식당은 정말 인상적이네요."

기자가 나탈리와 친구들의 눈을 마주치며 말을 이었다.

"자, 이제 '우리 같이 밥 먹을래?'를 만든 이야기를 들려주세요. 더 많은 사람들에게 이 내용을 전하고 싶거든요."

나탈리는 자신이 따돌림당했던 시절을 이야기하려니 조금 떨렸지만 심호흡을 하고 마음을 가다듬었다. 자신의 이야기가 누군가에게 도움을 되기를 바라며 용기를 냈다.

다음 날 지역 신문에 '우리 같이 밥 먹을래?'를 취재한 기사가 실렸다.

로스앤젤레스에는 아주 특별한 학교가 있다. 바로 점심시간에 친구를 초대하는 앱이 있는 곳이다. 혼자 점심을 먹는 친구가 없도록 애플리케이션으로 함께 밥 먹을 친구를 찾는다고 한다. 이 앱을 주도적으로 만든 나탈리 햄프턴은 한때 학교에서 따돌림을 당했으나 그 상처를 극복하고 이제는 모두가 행복한 점심시간을 만들어 나가고 있다.

단 하나의 기사였지만 반응은 폭발적이었다. 친구를 향한 선한 마음이 느껴지는 앱에 관한 기사는 단숨에 화제에 올랐다.

학생들이 저 앱을 만들었다니 정말 멋지다!
저 학교 친구들은 점심시간에 절대 외롭지 않겠어.
정말 좋은 아이디어야. 어떻게 저런 생각을 했을까?
나탈리는 정말 대단한 아이네.

인터넷 신문에 앱, 그리고 나탈리와 친구들을 응원하는 댓글이 달렸다. 그리고 기사를 본 여러 사람들이 나탈리에게 연락을 해 왔다.

어느 날, 낯선 사람이 나탈리를 찾아왔다.
"혹시 나탈리 햄프턴 학생인가요?"
"네, 그런데 누구시죠?"
"난 크릭우드 학교 교사란다. '우리 같이 밥 먹을래?' 기사를 봤어. 잠깐 이야기 나눌 수 있을까?"
크릭우드 학교라면 나탈리네 학교와 멀지 않았다. 선생님은 자신을 미셸이라고 소개하며 활짝 웃었다.

"네가 만든 앱이 우리 학교에도 꼭 필요해서 찾아왔어."

미셸 선생님은 '우리 같이 밥 먹을래?'가 무척 인상적이었다고 칭찬하며 나탈리를 찾아온 이유를 말했다.

"하지만 이 앱은 저희 학교 학생들만 사용할 수 있는걸요."

나탈리는 여기까지 찾아온 선생님을 돕지 못할 것 같아 미안한 마음이 들었다.

"우리 학교에도 혼자 점심을 먹는 학생들이 많아서 걱정이었어. '우리 같이 밥 먹을래?'라는 앱을 본 순간 이 앱을 꼭 우리 학교에서도 쓰고 싶다고 생각했어. 혹시 방법이 없을까?"

선생님 얘기를 들은 나탈리는 일단 방법을 찾아봐야겠다고 마음먹었다.

"크릭우드의 점심시간도 행복해진다면 저도 정말 좋을 것 같아요. 선생님, 그럼 제가 앱을 업그레이드할 수 있는지 알아볼게요. 프로그래밍을 도와주는 분께 확인해야 하거든요."

"정말 고맙구나. 우리뿐 아니라 다른 학교에서도 이 앱을 쓴다면 따돌림 해결에 정말 도움이 될 것 같아."

미셸 선생님이 나탈리의 손을 잡았다. 외톨이 학생들을 안타까워하는 선생님의 다정한 마음이 전해졌다.

"전 지금까지 다른 학교는 어쩔 수 없다고 생각했어요. 하지만 선생님 말을 들으니 우리 동네뿐 아니라 전국 모든 학교에서도 이 앱을 쓰면 좋겠다는 생각이 들어요."

"만약 많은 학교에서 이 앱을 사용한다면 외톨이 학생이 줄어들지 않을까?"

미셸 선생님의 눈빛이 따스하게 전해졌다.

"우와, 상상만 해도 가슴이 두근거려요."

나탈리의 목소리가 높아졌다. 온 세상에 혼자만 있다고 느끼던 아이들이 새로운 친구를 만들고 학생들이 두루두루 사이좋게 지내는 학교가 또 생겨난다니 정말 기뻤다.

곧바로 나탈리는 헨리를 찾아갔다.

"혹시 우리 앱을 한 학교가 아닌 여러 학교에서 동시에 쓸 수 있을까요?"

"주변 학교의 친구들을 너희 학교에 초대하려고?"

헨리가 고개를 갸웃거렸다.

"아니요, 학교마다 점심 초대 앱을 만들면 좋을 것 같아서

요. 다른 학교에도 점심시간에 외로운 친구들이 많으니까요."

"아, 무슨 뜻인지 알겠다. 각 학교에 독립된 모임을 만드는 일은 별로 어렵지 않아."

헨리가 미소 지었다.

"진짜요? 정말 다행이에요!"

나탈리의 얼굴이 밝아졌다.

"다른 학교 아이들에게도 친구가 생기길 바라는 거구나?"

"그럼요. 할 수만 있다면요."

나탈리는 처음부터 지금까지 변하지 않은 마음을 전했다.

"나도 마찬가지야. 내가 학교별로 접속하도록 수정해 볼 테니 걱정하지 마."

헨리가 걱정 말라는 듯 눈을 찡긋했다.

"늘 친절하게 도와주셔서 정말 고마워요."

"나도 너를 도울 수 있어서 행복해."

헨리가 파이팅을 외쳤고 나탈리도 똑같이 따라 했다. 외로웠던 나탈리는 더 이상 혼자가 아니었다. 뜻을 함께하는 친구들과 어른들까지 생겨났다. 언제나 자신의 편이 되어 주는 사람들이 생겨 든든했다.

얼마 후 나탈리는 업그레이드한 앱을 준비해서 미셸 선생님을 찾아갔다.

"어머나, 앱에 크릭우드 모임이 생겼네."

"네, 이 학교 학생은 누구나 접속할 수 있어요."

"정말 고마워. 그런데 네가 직접 우리 학교 학생들에게 사용법을 설명해 주면 어떨까? 네가 겪었던 일과 앱을 만든 이야기를 들려주면 모두 좋아할 거야."

미셸 선생님은 나탈리를 학교에 강연자로 초청했다. 한때 외톨이였던 나탈리가 상처를 극복하고 자신과 비슷한 처지의 친구를 위해 노력한 이야기를 널리 알리고 싶었다.

"선생님, 제가 강연할 자격이 있을까요?"

"물론이지. 비록 학생들이랑 나이는 비슷해도 나탈리의 용기와 행동은 어른들 못지않단다."

미셸 선생님은 망설이는 나탈리에게 용기를 주었다.

"때로는 어른의 조언보다 또래의 경험담이 더 큰 영향을 끼치거든. 너처럼 직접 따돌림을 이겨 낸 친구의 이야기라면 분명히 공감을 얻을 거야."

"무척 떨리지만 한번 해 볼게요."

잠시 망설이던 나탈리는 고개를 끄덕였다. 외톨이가 된 단

한 명의 아이라도 도울 수 있다면 나서야 한다고 생각했다.
"넌 분명히 잘 해낼 거야."
미셸 선생님이 나탈리의 손을 꼭 잡아 주었다.

몇 주 뒤, 크릭우드 학교 도서관에 학생들이 모였다.
"저 아이는 누구지? 처음 보는데."
"글쎄. 점심 같이 먹기 앱을 설명한다고 하더라."
'우리 같이 밥 먹을래?'를 잘 모르는 아이들은 나탈리를 보며 수군거렸다.
단상 위에 선 나탈리가 마이크를 들었다.
"여러분은 점심시간을 좋아하나요? 저는 얼마 전까지만 해도 학교에서 점심시간이 가장 싫었어요."
뜻밖의 이야기에 학생들은 눈만 껌벅였다.
"혹시 점심시간에 구석에 혼자 앉아 밥 먹는 친구를 본 적 있나요? 바로 제가 그런 아이였답니다."
솔직한 이야기에 도서관에 있던 아이들의 시선이 일제히 나탈리에게 쏠렸다.
"저처럼 외로운 아이들이 없었으면 하는 마음에서 저와 친구들이 뭉친 이야기를 여러분에게 들려주고 싶어요."

또래의 친근하고 진솔한 말에 학생들은 금세 나탈리의 이야기에 빠져들었다. 어른들이 이래라저래라 가르칠 때보다 학생들이 직접 행동한 이야기는 많은 아이들의 공감을 얻었다.

"역시, 잘 해낼 줄 알았어."

미셸 선생님은 강연에 푹 빠진 학생들을 보며 미소 지었다. 나탈리의 진심이 마음과 마음으로 전해지는 모습에 가슴이 뿌듯했다.

변화의 영웅

"얘들아, 우리 이야기가 또 나왔어."

콜윈이 스마트폰 화면을 가리켰다. 지역 신문에 '우리 같이 밥 먹을래?'를 취재한 기사가 실린 뒤 라디오 방송, 주변 학교, 청소년 잡지사 등 여러 곳에서 나탈리와 친구들을 찾아왔다.

로스앤젤레스에서 조금씩 알려지기 시작한 '우리 같이 밥 먹을래?' 소식이 인터넷에 퍼지자 순식간에 미국 전역이 들썩였다. 먼 곳에 사는 아이들도 특별한 점심시간에 관심을 보였다. 어느새 비행기로 몇 시간을 가야 닿을 수 있는 도시에서도 인터뷰를 요청해 왔다.

"에이미, 화면에 네 인터뷰 장면 예쁘게 나왔다."

"진짜? 정말 나 괜찮아 보여?"
 에이미가 샬럿이 들고 있는 스마트폰 쪽으로 몸을 기울였다.
"응. 환하게 웃는 모습이 예뻐."
 샬럿은 친구의 등을 살짝 두드렸다.
"지금 우리가 앉아 있는 벤치에서 촬영한 장면인데 방송으로 보니까 느낌이 이상해."
 제임스가 주변을 둘러보았다. 매일 등교하는 학교, 매일 친구들과 노는 장소가 어쩐지 낯설게 다가왔다.
"우리가 대단한 일을 한 것 같은 기분이 들어."
 마주 보는 아이들의 가슴이 부풀어 올랐다. 자부심도 느껴지고 스스로가 자랑스럽게 여겨졌다.

 놀라운 초대는 계속 이어졌다.
"안녕하세요, 저희는 라디오 디즈니입니다. 나탈리 햄프턴 양 전화 맞죠?"
"네, 전데요."
 깍듯한 상대방의 태도에 나탈리도 공손하게 대답했다.
"저희 방송에서는 해마다 선행으로 사회에 변화를 이끌어

낸 어린이와 청소년을 '변화의 영웅'으로 선정하는데, 올해 수상자 중 한 명으로 나탈리 햄프턴 양이 선정되었습니다."

차분한 목소리가 놀라운 소식을 전했다.

"네?"

예상하지 못한 소식에 나탈리는 벌떡 일어섰다. 전 세계 아이들이 사랑하는 유명한 방송사에서 연락이 오다니! 게다가 상을 준다니! 나탈리는 정신이 하나도 없었다.

"학생들의 점심시간을 바꿔 나가는 용기 있는 행동에 정말 감명받아 저희 방송국에서 나탈리 햄프턴 양을 올해의 수상자로 뽑았어요. 시상식에 참석해 줄 수 있죠?"

"시상식은 어디서 열리죠? 언제요?"

흥분한 나탈리는 방송국 담당자에게 질문을 퍼부었다.

"자세한 내용은 이메일로 보내드릴 테니 부모님과 상의하고 참석 여부를 알려 주세요."

"네, 감사합니다."

전화를 끊은 나탈리는 거실로 달려갔다.

"엄마! 내가 라디오 디즈니에서 주최하는 '변화의 영웅' 수상자로 뽑혔대요."

"정말이니?"

"네, 방금 전화받았는데 방송국에서 상 받으러 오라고 저를 초대했어요."

신이 난 나탈리는 소파 옆에서 방방 뛰었다. 기쁨을 주체하지 못해 꺅꺅 소리도 질렀다.

"정말 잘됐다. 네가 어릴 때부터 좋아하던 채널이잖니. 네가 그 채널의 주인공이 되었구나."

엄마의 눈시울이 붉어졌다. 따돌림을 당해 괴로워하던 딸이 시련을 극복하고 성장한 모습에 감동했다. 남몰래 눈물 흘리며 지낸 나탈리의 노력을 세상이 알아주니 가슴이 뭉클했다.

시상식 날을 맞아 나탈리는 기쁜 마음으로 방송국에 도착했다.

"어서 오세요. '변화의 영웅'을 환영합니다."

많은 이들이 나탈리를 비롯한 수상자들을 반겨 주었다. 수상자는 나탈리 외에 한 명이 더 있었다.

"어머, 내가 가장 좋아하는 애니메이션 주인공이네!"

나탈리는 건물 이곳저곳을 누비는 애니메이션 캐릭터를 가리켰다.

"이제 여러분도 저 캐릭터처럼 저희 방송을 멋지게 빛내 주세요."

방송국 PD는 놀라는 아이들을 보며 미소 지었다. 그리고 화려한 시상식장으로 수상자들을 이끌었다.

"우와, 여긴 어마어마하게 크네요. 그런데 관객이 몇 명이죠? 사람이 너무 많아서 떨려요."

넓은 객석을 꽉 채운 관객에 나탈리는 입이 떡 벌어졌다. 긴장이 되어 저도 모르게 다리가 후들거렸다.

"오늘의 수상자를 만나러 전국에서 온 아이들이랍니다. 모두가 응원하고 있으니 떨지 마세요."

PD는 생긋 웃으며 나탈리를 준비된 자리에 앉혔다.

축하 행사 뒤에 단상에서 시상식이 시작되었다.

"저희 방송국에서는 해마다 선행으로 사회를 변화시킨 어린이와 청소년 들을 뽑습니다. 조금 더 나은 세상을 만들어 나가는 변화의 영웅을 만날 수 있어 정말 기뻐요. 올해의 첫 번째 수상자는 나탈리 햄프턴입니다."

엄청난 박수와 환호성이 쏟아지는 가운데 나탈리는 무대로 올라갔다. 주변의 따뜻한 시선과 응원에 저절로 용기가 났다.

"그럼 수상 소감을 들어 보지요. 나탈리 햄프턴 양, 준비되었나요?"

나탈리는 숨을 크게 들이마셨다.

"저에게 이런 큰 상을 주셔서 정말 고맙습니다. 저는 오랫동안 팬으로서 이 채널을 즐겨 들었어요. 그러다가 방송국에 와서 사랑하는 캐릭터들을 만나 함께 시간을 보내다니 마치 꿈만 같아요."

나탈리는 또박또박 자신의 심정을 전했다.

"저희 학교 점심시간에 외톨이 학생이 없었으면 하는 작은 마음으로 시작한 일에 큰 상을 주셔서 얼떨떨해요. 하지만 앞으로 더 좋은 일을 하라는 격려라고 생각하겠습니다. 다시 한번 감사합니다."

수상 소감을 마치자 우레와 같은 박수 소리가 이어졌다. 기쁨으로 벅차오른 나탈리의 심장도 쿵쿵 뛰었다.

더 넓은 세상으로

학교에 가니 나탈리 곁으로 아이들이 모여들었다.
"시상식 봤어. 너 정말 멋지더라!"
"난 아무것도 모르고 방송 보다가 네가 나와서 깜짝 놀랐어."

어느덧 유명 인사가 된 나탈리에게 아이들이 구름처럼 몰려들었다.
"고마워. 아직 나도 얼떨떨해서 뭐가 뭔지 잘 모르겠어."
나탈리는 쑥스러운 나머지 어색하게 웃었다.
"저, 나탈리. 나도 네가 만든 앱을 사용하고 싶은데 그럴 수가 없어. 앱 스토어에서 아무리 찾아도 '우리 같이 밥 먹을래?'가 없네."

오스카가 스마트폰을 들여다보며 나탈리에게 다가왔다.

"이상하네. 검색이 안 된다고?"

"혹시 그 앱은 안드로이드 앱 스토어에 없니? 난 아이폰이 아니라 안드로이드 폰이거든."

오스카가 스마트폰을 내밀었다.

"이런. 미안하지만 안드로이드용 앱은 없어. 앱 만들기가 너무 복잡해서 아이폰용 앱만 만들었어."

"그랬구나. 나도 그 앱 이용해서 새 친구들과 같이 점심 먹고 싶은데."

실망한 오스카의 어깨가 축 처졌다. 미국에는 아이폰 사용자가 많은 터라 안드로이드용 앱은 따로 만들지 않았다.

"나탈리, 나 같은 아이들을 위해 안드로이드용 앱을 개발해 줄 수 있니? 점심 때문에 전화기를 바꿀 수는 없거든."

오스카가 부탁했다. 스마트폰은 가격이 비싸니 쉽게 바꾸지 못하는 게 당연하다.

"사실 나도 그 생각은 늘 하고 있었어. 스마트폰을 쓰는 모든 아이들이 이 앱을 쓸 수 있도록 노력해 볼게."

"고마워, 나도 다른 아이들처럼 점심시간에 새 친구를 사귀고 싶으니 꼭 부탁할게."

혼자 보내는 시간이 많은 오스카가 간절한 시선을 보냈다. 오스카의 안타까운 마음이 나탈리에게 전해졌다.

나탈리는 수업이 끝나자마자 앱을 만들어 준 헨리를 찾아갔다. 마음이 급해 가방을 메고 전속력으로 달려갔다.
"헉헉."
"무슨 일 생겼니? 왜 뛰어와?"
"빨리, 우리 앱 안드로이드 버전 만들어야 돼요."
나탈리는 숨을 헐떡거리며 오스카의 사연을 전했다.
"난 또 큰일 난 줄 알았네. 하지만 아무리 뛰어와도 그건 못 해."
헨리가 피식 웃더니 어깨를 으쓱했다.
"왜요? 지난번 앱을 업그레이드했을 때처럼 하면 안 돼요?"
"모바일 운영 체제는 구글의 안드로이드, 애플의 IOS가 대표적인데, 두 가지 운영 체제는 앱을 만드는 방식이 완전 달라. 나는 IOS를 바탕으로 한 아이폰 앱만 만들 수 있어. 안타깝지만 이번에는 너를 도와줄 수 없겠다."
헨리는 두 가지 운영 체제의 차이점이 크다고 말했다. 대부분의 프로그래머는 둘 중 하나만 만드는 사람이라는 설명도 덧붙였다.

"그렇구나. 전 전혀 몰랐어요."

"미안, 나도 널 도와주고 싶지만 내 능력은 여기까지야."

"괜찮아요. 다른 프로그래머에게 부탁해 볼게요."

실망한 나탈리는 힘없이 발걸음을 돌렸다. 지난번처럼 헨리가 해결할 줄 알았는데⋯⋯. 이 문제를 풀어 줄 프로그래머는 어디에서 찾아야 할까?

나탈리는 이번에도 자원봉사자 사이트에 글을 올려 도움을 청해 보았다. 헨리처럼 나탈리의 마음을 이해하고 함께 행동해 줄 누군가가 나타나기를 바라면서. 하지만 며칠을 기다려도 나서는 사람이 없었다. 고민하던 나탈리는 모아 둔 용돈을 다 주고라도 전문 개발자에게 제작을 맡기기로 마음먹고 여기저기 알아보았다.

햇살이 따스한 봄날 오후, 책상 위에 엎드려 있는 나탈리에게 콜윈이 다가갔다.

"개발자는 잘 찾았어?"

"응, 아니."

나탈리가 고개를 끄덕이다 저었다.
"대답이 이상한데? 찾았다는 거야, 못 찾았다는 거야?"
콜윈이 고개를 갸웃했다.
"안드로이드 앱을 만들어 줄 개발자를 찾긴 찾았는데 비용이 너무 비싸서 내 용돈으로는 부탁할 수 없어. 그래서 프로그래머를 찾아도 소용없어."
"아, 그런 뜻이구나."
에이미와 제임스는 그제야 나탈리의 말을 이해했다.
"예전엔 운이 좋았었나 봐. 지금은 아무리 찾아도 재능 기부하는 사람이 없네."
나탈리와 친구들이 다 같이 한숨을 내쉬었다.
"그러면 사람이 아닌 기업에게 물어보면 어떨까?"
콜윈이 조심스럽게 제안했다.
"기업?"
"응. 사회에 좋은 영향을 끼치고 싶어 하는 기업도 있으니까. 안드로이드용 앱을 개발하는 회사에 부탁하면 해 줄지도 몰라."
"맞아. 우리 앱은 신문과 방송을 통해 제법 알려졌잖아. 이 정도면 큰 회사에서도 우리를 도와주지 않을까?"

에이미가 콜원을 거들었다. 실망했던 아이들 마음에 희망의 꽃이 피어났다.

"그럼, 이번에는 안드로이드용 앱을 만드는 기업에 연락해 볼게!"

나탈리는 주먹을 꼭 쥐고 다짐했다.

안녕하세요! 저는 나탈리 햄프턴입니다. 점심시간은 모든 학생들이 행복해야 한다고 생각해서 친구들과 함께 '우리 같이 밥 먹을래?'라는 앱을 만들었어요. 친구를 사귀지 못해 혼자 밥 먹는 아이들도 저희가 만든 앱을 사용하면 부담 없이 새로운 친구와 점심 먹을 약속을 잡을 수 있거든요. 하지만 이 앱은 아이폰에서만 가능합니다. 안드로이드 스마트폰을 쓰는 학생들은 여전히 이 앱에 접속할 수 없어서 안타까워요. 저희 앱의 안드로이드 버전을 개발하고 싶어 이렇게 도움을 청합니다.

집에 돌아온 나탈리는 정성을 담아 이메일을 보냈다.
그리고 며칠 후, 기업에서 답변을 보내왔다.

안녕하세요, 얼마 전 뉴스에서 나탈리와 친구들의 소식을 보고 감동했습니다. 이렇게 좋은 일을 하는 아이들이 있다니. 깜짝 놀랐죠. '우리 같이 밥 먹을래?' 앱이 어려움을 겪고 있는 줄 몰랐어요. 어떤 스마트폰에서든 이 앱을 다운받을 수 있도록 저희 회사가 안드로이드용 앱 개발을 돕고 싶습니다.

대기업이 나서자 앱 개발은 순식간에 이루어졌다. 안드로이드용 앱을 개발한 회사는 미국뿐 아니라 여러 나라 안드로이드 앱 스토어에 앱을 등록하는 방법도 알려 주었다.

"꺅! 우리 앱이 일곱 개 나라의 앱 스토어에 올라갔대!"

드디어 안드로이드용 앱이 등록되었고, 나탈리는 즐거운 비명을 질렀다.

"우와, 진짜 믿어지지가 않아!"

"다운로드 수를 봐. 벌써 몇천 명이나 받았어. 아니, 방금 다운받은 사람이 만 명이 넘었어!"

"어떡해…… 난 막 눈물이 나와. 우리 정말 엄청난 일을 해냈어."

가슴이 찡해진 샬럿은 기쁨의 눈물을 흘렸다.

"나도."

"나탈리가 처음 앱을 만들자고 제안했을 때만 해도 말도

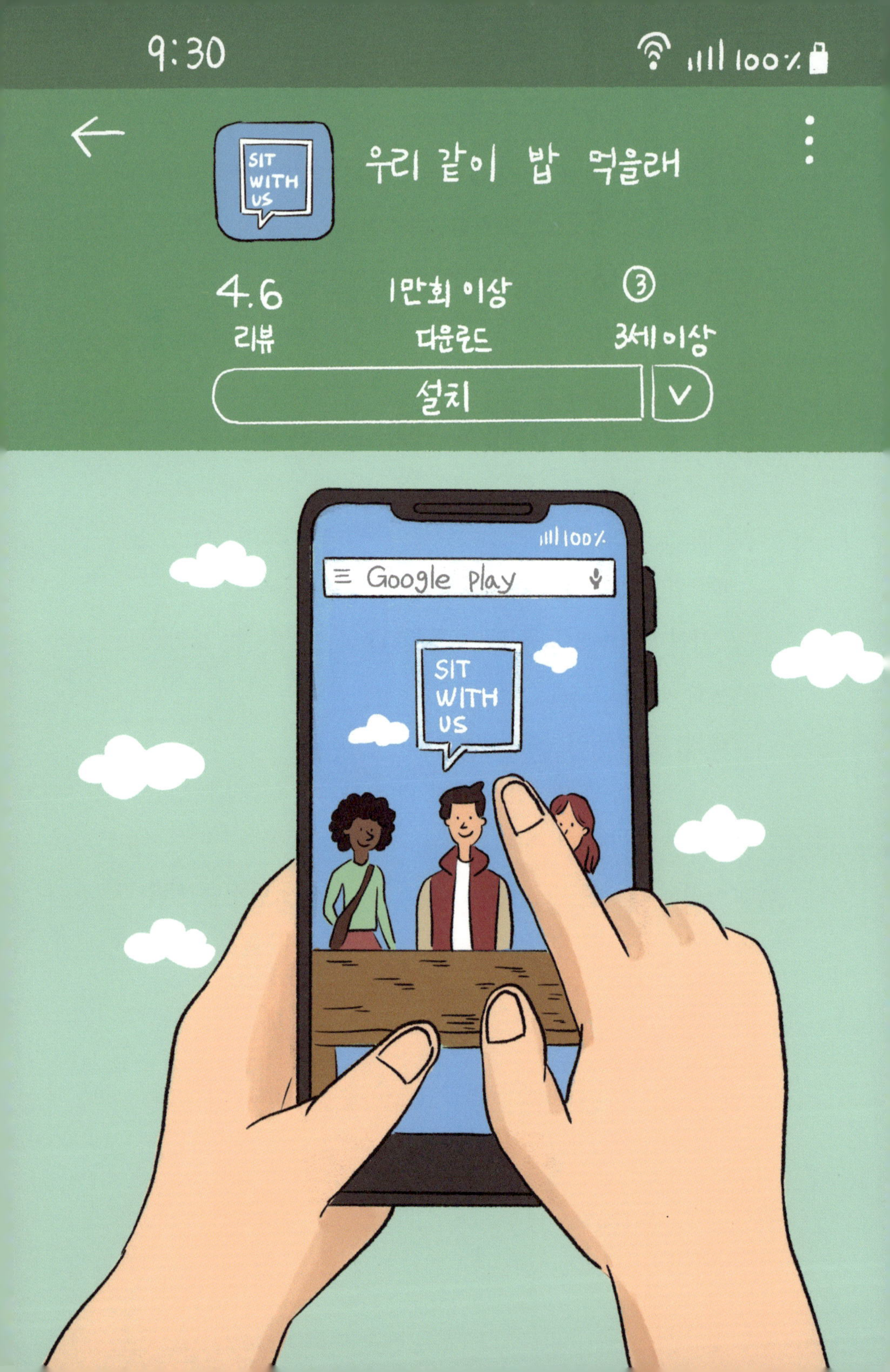
9:30
100%
SIT WITH US
우리 같이 밥 먹을래
4.6
리뷰
1만회 이상
다운로드
3세 이상
설치
100%
Google Play
SIT WITH US

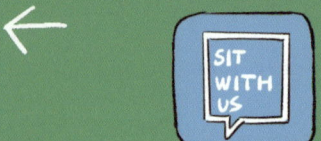

안 되는 일이라고 생각했는데……. 잘 모르는 코딩으로 이것저것 해 보느라 머리가 너무 아팠는데 결국 이렇게 많은 아이들이 사용하는 앱이 되었어."

콜윈이 감격스러워했다.

"이제 더 이상 아무도 점심시간에 외롭지 않으면 좋겠다."

제임스가 코를 훌쩍였다.

선한 영향력

'우리 같이 밥 먹을래?'가 모든 스마트폰에서 사용이 가능해지자 전 세계의 관심이 집중되었다. 그러던 중 세계 곳곳에서 의미 있는 활동을 하거나 알릴 가치가 있는 생각을 가진 사람들에게 강연 기회를 주는 테드(TED)가 나탈리에게 초청장을 보내왔다.

"엄마, 테드에서 무슨 말을 하죠? 이렇게 큰 무대에는 서 본 적이 없는데……."

기쁨도 잠시, 나탈리의 얼굴에 그늘이 졌다. 빌 게이츠나 조앤 롤링 등 세계적으로 유명한 사람들이 서는 자리에 나가려니 긴장되었다.

"너는 지금껏 좋은 일을 많이 했어. 억지로 꾸며 내려 하지 말고 있는 그대로의 네 마음을 전하렴."

"만약 어른들이 내 이야기를 듣고 실망하면 어떡하죠?"

"그럴 리 없어. 친구를 아끼고 사랑하는 일은 누구에게나 감동을 준단다."

엄마는 훌쩍 자란 딸의 모습이 기특한지 빙그레 웃었다.

"네, 저처럼 따돌림받는 아이들이 생기지 않도록 용기를 내 볼게요."

얼마 후 나탈리는 테드 강단 위에 섰다. 그리고 부끄럽고 아픈 과거의 상처를 털어놓았다.

"저는 잘 지내던 친구들에게 따돌림을 받았습니다. 제 말을 무시하던 아이들은 저를 위협하기도 했어요. 점심시간엔 늘 혼자 앉았고 누가 밀쳐 넘어지는 바람에 무릎에 멍이 든 적도 있었어요. 투명인간이라도 되는 듯 저를 못 본 척하고 지나치는 아이들 때문에 스스로 바보처럼 느껴졌어요."

많은 사람들 앞에서 괴롭고 힘들었던 경험을 말하기는 힘들었지만 어쩐지 마음 한구석이 후련해졌다.

"너무 괴로워 매일 울다가 학교를 옮겼어요. 다행히 그곳에서 좋은 친구를 만났고 저처럼 외로운 학생들이 없는 학교를 만들기 시작했어요. 외톨이를 벗어나는 데 많은 친구가 필요하진 않아요. 딱 한 사람만 옆에 있어 주면 누구든 행복한 점심시간을 보낼 수 있거든요. 단 한 사람의 힘이 세상을 바꿀 수 있고, 바로 여러분이 그 사람이 될 수 있다고 생각합니다. 방법은 쉬워요. 주변에 아주 작은 친절만 베풀면 된답니다."

나탈리의 진솔한 연설은 큰 반향을 불러일으켰다.

테드 강연 영상이 인터넷에 게시된 뒤 예전에 '우리 같이 밥 먹을래?'를 비웃었던 리나와 저스틴이 나탈리에게 머뭇거리며 다가왔다.

"안녕, 나탈리!"

리나는 어색하게 손을 흔들었다.

"리나, 설마 오늘도 나를 비웃으려고 왔니?"

"아니야, 나탈리. 아무래도 너에게 사과해야 할 것 같아서."

리나가 작은 목소리로 속삭였다.

"그동안 네 인터뷰와 강연을 보면서, 우리가 괴롭힌 아이들이 얼마나 고통스러워하는지 깨달았어."

저스틴이 머리를 긁적였다.

"앱 망하라고 함부로 말한 거 미안해."

리나가 말했다.

"어? 너희 정말 나에게 진심으로 사과하는 거니?"

리나와 저스틴은 동시에 고개를 끄덕였다.

"너희들이 날 이해해 준다니 정말 고마워."

"혹시 학교에서 너 괴롭히는 애 있으면 말만 해. 내가 당장 혼내 줄 테니까."

저스틴이 나섰다.

"그런 걱정은 하지 마. 이젠 너희들처럼 나에게 친절하고 좋은 친구만 있거든."

"우리가…… 네 친구야?"

나탈리가 다정한 미소를 짓자 리나가 물었다.

"그럼. 서로를 이해하고 지켜 주니까 좋은 친구 맞지."

셋은 마주 보며 활짝 웃었다.

나탈리의 선한 영향력은 널리 퍼졌다. 유엔(UN, 국제 연합) 청년 총회에서는 나탈리를 우수 청년 대표로 선정했다. 지역 사회에 큰 영향을 미친 청년에게 주는 상의 수상자로 선정된 것이다. 유엔 청년 총회에 참석한 나탈리는 단상에 올라 청년 대표들이 지켜보는 가운데 수상 소감을 발표했다.

얼마 후 나탈리는 멀리 떨어진 오스트레일리아에서 온 이메일을 받았다. 메일에는 화창한 교정에서 수십 명의 아이들이 점심 먹는 모습이 담긴 사진도 있었다. 웃는 아이, 떠드는 아이, 음식을 입에 가득 넣은 아이. 각자 다른 모습이었지만 표정만은 환했다. 사진 몇 장으로 모두의 행복한 마음이 전해졌다.

나탈리 햄프턴에게

모르는 사람에게 메일을 받아 놀라지 않았니? 너는 우리를 모르겠지만 우리는 너를 잘 안단다. 유엔 청년 총회에서의 연설과 테드 강연을 보고 매우 감명받았거든. 그래서 우리 학교에서도 행복한 점심시간을 만들기로 결심했지. 어떻게 되었냐고? 사진으로 보다시피 엄청난 친구들이 모였어. 학생들이 이렇게 많이 참여할지 몰라서 나도 놀랐어. 모두 '우리 같이 밥 먹을래?' 앱 덕분이야. 앱이 없었다면 이런 모임은 꿈도 꾸지 못했을 테니까. 이런 앱을 만들어 줘서 정말 고마워.

"얘들아, 나야말로 고마워."

나탈리는 사진 속 아이들을 보자 가슴이 뭉클했다. 작은 용기를 냈을 뿐이었는데 온 세상이 변하기 시작했다. 맨 처음 이 앱을 만들 때 먼 나라 친구들까지 동참할 줄은 정말 몰랐기에 감동이 더욱 커졌다.

청소년의 우상

어느 날 세계적인 패션 브랜드에서 나탈리에게 연락을 해 왔다.

"'우리 같이 밥 먹을래?' 앱과 우리 브랜드가 함께 따돌림 방지 캠페인을 하면 어떨까요?"

"캠페인이요?"

나탈리는 어리둥절했다. 점심시간에 같이 밥 먹을 친구를 찾는 앱과 옷이 어떤 관련이 있는지 상상이 되지 않았기 때문이었다.

"우리는 청소년에게 좋은 영향을 끼치는 가수, 배우, 작가 등 여러 사람에게 영감을 받아 옷을 디자인해요. 따돌림 없는 세상을 만드는 나탈리의 행동에 깊은 감명을 받아 연락하는 거예요."

"그런가요? 고맙습니다."

갑작스러운 칭찬에 나탈리는 감사 인사를 하면서도 얼떨떨했다.

"우리는 단순히 옷만 만들지 않아요. 청소년의 꿈과 희망을 담은 메시지를 함께 전하려고 노력하죠. 지금까지 환경 운동이나 차별 금지 운동 등 여러 캠페인을 벌였답니다."

담당자는 그동안 이 브랜드가 만들었던 티셔츠를 보여 주었다.

'집 잃은 북극곰을 구해요.', '아마존 정글이 위험해.', '피부색은 달라도 우리는 하나.' 갖가지 문구가 인쇄된 옷이 많았다.

"캠페인을 통해 판매한 옷의 수익금 일부는 기부한답니다. 환경 단체, 청소년 교육 단체 등 다양한 곳이 발전하도록 돕고 있죠."

"저는 이런 프로그램이 있는 줄 몰랐는데 정말 좋은 일이네요."

"좋아요, 그렇다면 '우리 같이 밥 먹을래?'가 그동안 벌였던 캠페인의 문구를 티셔츠와 가방에 새기면 어떨까요? 외돌이 없는 세상을 만들자는 의미의 슬로건을 사용하고 싶어요."

"물론이죠, 저는 패션은 잘 모르지만 따돌림을 막는 일이라면 뭐든 도울게요."

마음을 정한 나탈리의 목소리가 밝았다.

좋은 문구가 쓰인 티셔츠를 입은 아이들이 많아지면 분명히 따돌림당하는 친구도 줄어들 것 같았다.

"원하는 디자인이 있으면 이야기해 줘도 좋아요."

"음, 그럼 이런 그림을 함께 넣으면 어떨까요?"

나탈리는 조심스럽게 노트를 펼쳤다. 따돌림당하던 시절, 혼자 점심을 먹으며 그렸던 그림이 나타났다.

"와, 좋은데요? 분명히 청소년들의 마음을 사로잡을 거예요."

얼마 후, 세계적인 패션 브랜드 매장이 새로운 상품으로 싹 바뀌었다.

'우리 같이 밥 먹을래?'라는 글자가 큼직하게 쓰여 있는 매장에는 따돌림을 막고 모두 친구가 되자는 주제의 옷과 신발이 진열되었다.

운동화, 티셔츠에는 '우리 같이 밥 먹을래?', '점심시간은 누구에게나 즐거워야 해.' '함께하자!' 같은 문구가 새겨졌다. 나탈리가 아무에게도 보여 주지 못했던 노트 속 그림도 함께 공개되었다. 길거리에서 매장 안을 들여다본 아이들의 눈이 커졌다. 세련된 디자인과 컬러의 옷은 단숨에 청소년들의 마음을 사로잡았다.

"같이 점심을 먹자고?"

"우리 저 매장에 들어가 보자. 친구가 필요할 때 저 옷 입으면 좋을 것 같아."

나탈리 또래의 아이들은 앞다투어 패션 브랜드 매장으로 달려갔다.

"오, 이 운동화 문구도 좋지만 디자인이 정말 예쁘다."

"학교에서 똑같은 옷 입은 아이 만나면 재미있겠다."

새 옷은 입은 아이들이 학교에 나타나자 유행은 더 빠르게 퍼졌다.

세련된 디자인에 의미 있는 메시지를 담은 티셔츠와 운동화가 교정을 누볐고, 따돌림에 관심 없던 아이들도 '우리 같이 밥 먹을래?' 앱에 호기심을 보였다. 나탈리가 만든 앱은 더 많은 청소년들에게 널리 퍼져 나갔다.

가을 햇살이 스며든 교정이 왁자지껄한 목소리로 가득했다. 콜윈과 제임스, 에이미, 샬럿이 나탈리가 디자인에 참여한 옷을 입고 나타났기 때문이었다.

"세상에! 이게 무슨 일이야!"

나탈리는 멋지게 변신한 친구들을 보며 환호성을 질렀다.

"마음에 들어? 디자인 끝내주고 메시지까지 훌륭한 옷이 있어서 플렉스 좀 했거든."

'우리 같이 밥 먹을래?'라고 쓰인 티셔츠를 입은 콜윈이 빙글 돌았다.

"난 이 하트가 정말 마음에 들어."

샬럿은 하트가 새겨진 운동화를 신고 폴짝 뛰었다. 제임스와 에이미도 요즘 가장 인기 있는 신상이라며 새 옷을 자랑했다.

"얘들아 너희 이렇게 꾸미니까 진짜 모델 같아."

"너무하네. 나 원래 모델 같았는데 이제 알아봤다고?"

콜윈의 농담에 아이들이 깔깔 웃었다. 모두가 힘을 합쳐 만든 앱이 세상을 바꾸고 예쁜 옷으로까지 나와 저절로 웃음이 나왔다.

"얘들아 우리 인증 샷 찍자. 다 같이 멋지게 꾸민 기념으로, 오케이?"

"좋아, 다 이쪽으로 모여."

아이들은 나탈리의 스마트폰을 보며 제각각 포즈를 취했다.

찰칵찰칵. 어깨동무를 하고 사진을 찍는 모두의 얼굴이 환하게 빛났다.

 ## 모두가 즐거운 점심시간을 위해!

 이 책의 주인공 나탈리 햄프턴은 열세 살 때 학교에서 심각한 따돌림을 당했다. 교실에서는 물론이고 점심을 먹을 때도 늘 혼자였다. 나탈리는 특히 점심시간이 너무나 괴로워, 종종 끼니를 거르기도 했다. 대부분의 미국 학교에는 점심 식사를 위한 식당이 따로 있고, 학년과 반 상관없이 자유롭게 자리를 선택해 앉을 수 있어 친한 아이들끼리 삼삼오오 모여 앉아 점심을 먹기 때문이다.
 전학을 결심한 뒤 학교를 옮긴 나탈리는 다행히 새로운 친구들을 사귀고 즐거운 점심시간을 되찾았다. 하지만 학교 식당에서 혼자 앉아 있는 아이들을 발견한 순간, 자신이 무언가를 해야 한다고 느꼈다. 그리고 점심 같이 먹을 친구를 찾는 애플리케이션을 만들기로 마음먹는다.
 나탈리는 애플리케이션에 '옆에 앉으렴.', '함께하자.', '같이 밥 먹자.'라는 뜻을 지닌, 'Sit With Us'라는 이름을 붙였다. 처음 해 보는 앱 개발은 쉽지 않았고, 앱이 원활하게 작동하게 하기 위해 시험용 버전을 백 번도 넘게 만들었다. 그리고

마침내 열여섯 살이 되던 해, 앱 스토어 등록에 성공한다.

'Sit With Us' 앱을 사용하면 누구든 점심 모임을 열 수 있다. 친한 사람들하고만 점심을 먹던 아이들은 점차 각자의 취미와 관심사에 따라 모임을 열었고, 이 앱이 없었다면 결코 어울릴 기회가 없었던 아이들과 점심을 먹고 친구가 되었다. 친한 아이들끼리만 점심을 먹는 문화가 조금씩 허물어지자, 외톨이였던 아이들이 용기를 내 모임에 참여할 수 있게 되었다. 그리고 이러한 변화는 점심시간뿐 아니라 학교 전체 문화를 활기차게 바꾸었다.

'Sit With Us'는 많은 청소년들에게 긍정적인 영향을 주었고, 문화 차이 때문에 우리나라에서는 출시되지 않았지만 여러 나라의 청소년들이 활발히 이용했다. 또한 나탈리 햄프턴은 여러 개의 괴롭힘 방지 단체와 함께 일하고, 더 나아가 지역 사회에서 소외된 사람들을 위해 봉사를 하는 등 공동체를 따뜻하게 만들기 위해 애썼다.

내가 바꾸는 세상은 불편을 참는 대신 스스로의 힘으로 세상을 아름답게 바꿔 가는 어린이들의 이야기를 통해 유쾌하고 발랄한 시민 의식의 힘을 보여 줍니다.

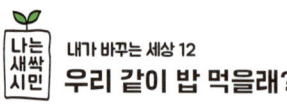

내가 바꾸는 세상 12
우리 같이 밥 먹을래?

처음 인쇄한 날 2025년 11월 18일 | **처음 펴낸 날** 2025년 11월 30일

글 양서윤 | **그림** 이새
펴낸이 이은수 | **편집** 오지명, 박진희 | **디자인** 원상희 | **마케팅** 이선경 | **제작** 세결음
펴낸곳 초록개구리 | **출판등록** 2004년 11월 22일 (제395-3000000251002004000217호)
주소 경기도 고양시 덕양구 향동로 217 KB동 622호 (향동동, DMC플렉스데시앙)
전화 02-6385-9930 | **팩스** 0303-3443-9930
제조국 대한민국 | **사용 연령** 8세 이상
인스타그램 instagram.com/greenfrog_pub

ISBN 979-11-5782-343-7 74810 | **ISBN** 979-11-5782-035-1 (세트)